存在終極價值的追索

羅　門著

文　學　叢　刊

文史哲出版社印行

國家圖書館出版品預行編目資料

存在終極價值的追索 / 羅門著. -- 初版. -- 臺北市：文史哲，民 88
面； 公分. -- （文學叢刊；100）
ISBN 957-549-257-9(平裝)

1. 詩 - 哲學,原理 2.詩 - 評論

812.1 88018142

文學叢刊 ⑩

存在終極價值的追索

著　者：羅　門
出版者：文史哲出版社
登記證字號：行政院新聞局版臺業字五三三七號
發行人：彭正雄
發行所：文史哲出版社
印刷者：文史哲出版社
臺北市羅斯福路一段七十二巷四號
郵政劃撥帳號：一六一八〇一七五
電話 886-2-23511028・傳眞 886-2-23965656

實價新臺幣二八〇元

中華民國八十九年一月一日初版
2000年1月1日初版

ISBN 957-549-257-9

存在終極價值的追索　目錄

前言

這是我的第六本論文集出版，總該有一些感言。論文是我詩創作世界的關係精神事業，在過程中，難免動用我詩方面的部份資源，這也就是說我的論文不少地方是借助詩思來進行的，於是我這本書的前言，便也自然採取近乎是詩意的語言，來透露我論文世界較偏重的思想動向與意圖。其實這一動向與意圖，是一直串聯與互動在我過去向前拓展的論談基點與思想航道上。於潛在的內心感知裡，已留下一些永遠的鳴響與觸動，且讓我將它當做此書的前言，寫出來——

人活著，要的不只是智識，而是思想；
　　不只是思想，而是智慧；
　不只是智慧，更是「美」的生命
所以人活著，必須從堆藏資料的智識庫，
　　從機械的邏輯理念，
　從冷硬無機的條文詞令中，

用詩化的思維，活活的將「美」的生命救出來；要人活著，不致於變成現實框架裡的材料，就得從「鳥籠」與「鳥店」裡飛出去，飛往自由廣濶的天空，把「遠方」飛成一隻不停地飛的鳥。而這隻鳥，便是無所不在，來去自如的「詩」，它一直帶著人與世界，在無限深遠奧秘的時空中，飛向「前進中的永恆」之境，去探視存在的終極價值與意義。

的確人必須超越田園「第一自然」可見的生存空間與都市「第二自然」可見的生存空間，而進入內心「第三自然」不可見的更為廣濶的生存空間，方能看清「人」與「世界」不只是封閉的存在「物體」，而是透明的「生命」建築，並存在於無限的「美」的展望中；而「美」便是存在終極價値的指標；科學家在物理世界中追蹤「美」。詩人與藝術家、哲學家、宗教家在心理與精神世界中追蹤「美」，「美」已是一切的內容，也是構成上帝生命實質的東西，如果這個世界確有令使我們信服的上帝。如此看來，將「美」抽離，人與世界乃至上帝的天國，便都將是空的。

註：本文中一再提到「美」這個字，它指的不只是外在表象的美，而更是所有藝術家與詩人特別追求的內在精神、思想與觀念之「美」；也不只是快樂、幸福、理想與希望……等是「美」的；就是人的一生避免不了的痛苦、悲劇乃至虛無與絕望，在詩與藝術中也能轉化呈現出莊嚴甚至震撼性的「美」的存在。

羅門資歷

一九二八年生，海南省文昌縣人。

空軍飛行官校肄業，美國民航中心畢業，考試院舉辦民航高級技術員考試及格，曾任民航局高級技術員，民航業務發展研究員。

羅門年青時代曾學飛行，代表空軍足球隊參加全國運動會。離開空軍，在民航局工作，於一九五四年，認識當時聞名的女詩人蓉子，便開始寫詩。自第一首詩被詩人紀弦以紅字刊登在他主編的《現代詩刊》封底，迄今已連續創作近半世紀。詩風從浪漫到象徵到超現實到三者互動的整體運作，他已建立起個人獨特的創作風格。

曾任藍星詩社社長、UPLI國際詩會榮譽會員、中國文協詩創作班主任、國家文藝獎評審委員、世界華人詩人協會會長、中國青年寫作協會值年常務監事。先後曾赴菲律賓、香港、大陸、泰國、馬來西亞與美國等地（或大學或文藝團體）發表有關詩的專題演講。

一九五八年獲藍星詩獎與中國詩聯會詩獎。一九六五年「麥利堅堡」詩被UPLI國際詩組織譽爲世界偉大之作，頒發菲總統金牌。一九六九年同蓉子選派參加中國五人代表團，出席菲舉行第一屆世界詩人大會，仝獲大會「傑出文學伉儷獎」，頒發菲總統大綬勳章。一九六〇年在美國奧克立荷馬州民航中心研習，獲州長頒發「榮譽公民狀」。一九七六年同蓉子應邀以貴賓參加美第三屆世界詩人大會，仝獲大會特別獎與接受加冕。一九七八年獲文復會「鼓吹中興」文化榮譽獎。一九八七年獲教育部「詩教獎」。一九八八年獲中國時報推薦詩獎。一九九一年獲中山文藝獎。一九九二年同蓉子仝獲愛荷華大學國際作家工作室（ＩＷＰ）榮譽研究員證書。一九九五年獲美國傳記學術中心頒發二十世紀五〇〇位具有影響力的領導人證書。

一九九七年曾先後參加華盛頓時報基金會與國際文化基金會在華盛頓舉行的「21世紀亞洲國際文學會議」、「21世紀西方國際文學會議」、「21世紀世界和平文學會議」等三個國際文學會議。

名列英文版「中華民國年鑑名人錄」、「世界名人錄」、「世界名詩人辭典」及中文版「大美百科全書」。

著作有詩集十三種，論文集五種，羅門創作大系書十種，羅門、蓉子系列書八種。並在臺灣與大陸北京大學兩地分別舉辦羅門蓉子系列書發表會。

作品選入英、法、瑞典、南斯拉夫、羅馬尼亞、日、韓等外文詩選與中文版〈中國當代十大詩人選集〉……等近一百種詩選集。

作品接受國內外著名學人、評論家及詩人評介文章近一百萬字，已出版六本評論羅門的作品的書。

因評論羅門作品，臺灣大學教授名批評家蔡源煌博士獲「金筆獎」，師範大學教授戴維揚博士獲一九九五年國科會學術研究獎金。因研究羅門詩世界，陳大爲與張艾弓兩位研究生分別獲得碩士學位。

羅門作品碑刻入臺北新生公園（一九八二年）、臺北動物園（一九八八年）、彰化市區廣場（一九九二年）、及彰化火車站廣場（一九九六年年）。

羅門除寫詩，尚寫詩論與藝評，有「臺灣阿波里奈爾」之稱。四十多年來，他將自己專誠投注給詩與藝術，是基於只有詩與藝術能確實與徹底的將人類的生命與宇宙萬物昇越到「美」的顛峯世界。

《羅門・蓉子研究小檔案》

●**「羅門蓉子論」書目**（十七種）

① 《日月的雙軌——羅門蓉子合論》（周偉民、唐玲玲教授合著，文史哲出版社出版一九九一年）。

② 《羅門論》（詩人評論家林燿德著，師大書苑出版社一九九一年）。

③ 《羅門天下》（蔡源煌、張漢良、鄭明娳教授與詩人評論家林燿德等著文史哲出版社出版一九九一年）。

④ 《羅門蓉子文學世界學術研討會論文集》（周偉民、唐玲玲教授合編，文史哲出版社一九九四年）。

⑤ 《羅門詩——百首賞析》（朱徽教授著，文史哲出版社一九九四年）。

⑥ 《羅門詩——百首賞析》（朱徽教授著，四川文藝出版社一九九四年）。

⑦ 《詩壇雙星座》（周偉民、唐玲玲教授合編，四川文藝出版社一九九五年）。

⑧ 《羅門詩鑑賞》（作家王彤主編，香港文化出版社出版一九九五年）。

⑨ 《永遠的青鳥——蓉子詩作評論集》（詩論家蕭蕭主編，文史哲出版社一九九五年）。

⑩ 《蓉子論》（余光中、鍾玲、鄭明娳、張健、林綠等教授著，中國社會科學出版社一九九五年）。

⑪ 《羅門論》（蔡源煌教授等著，中國社會科學出版社出版一九九五年）。
⑫ 《羅門都市詩研究》（陳大爲碩士論文集，東吳大學一九九七年）。
⑬ 《從詩中走過來——論羅門蓉子》（謝冕教授等著，文史哲出版社一九九七年出版）。
⑭ 《從詩想走過來——論羅門蓉子》（張肇棋教授等著，文史哲出版社一九九七年出版）。
⑮ 《羅門論》（張艾弓碩士論文集，文史哲出版社出版一九九八年）。
⑯ 《蓉子詩賞析》（古遠清教授著，文史哲出版社一九九八年出版）。
⑰ 《青鳥的蹤跡——蓉子詩歌精選賞析》（朱徽教授著，爾雅出版社一九九八年）。

●**羅門蓉子出版系列叢書**（十二卷）

一、**羅門創作大系**（十卷）

卷一：戰爭詩
卷二：都市詩
卷三：自然詩
卷四：自我·時空·死亡詩
卷五：素描與抒情詩
卷六：題外詩
卷七：〈麥利堅堡〉特輯
卷八：羅門論文集

卷九：論視覺藝術

卷十：燈屋・生活影像

二、蓉子創作（兩卷）

①　《千曲之聲》

②　《永遠的青島——蓉子詩作評論集》

（以上十二卷文史哲出版社一九九五年出版）

●羅門蓉子文學創作系列（八卷）

卷一：羅門長詩選

卷二：羅門短詩選

卷三：蓉子詩選

卷四：蓉子散文選

卷五：羅門論文集

卷六：羅門論

卷七：蓉子論

卷八：日月的雙軌

（以上八卷叢書由北京社會科學出版社於一九九五年出版發行。）

【註】

①　臺灣大學教授名批評家蔡源煌博士評論羅門作品獲「金筆獎」，師範大學教授戴維揚博士評論羅門獲一九九五年國科會學術研究獎金。

②　陳大爲與張艾弓兩位研究生研究羅門詩世界分別獲得碩士學位。

詩眼七視

我深信人活著，能有「詩眼」賜給的七種視力，來看一切，則人到世界上來，應是有可觀的收穫，不至於白來了。

第一視：環視——看不見範圍

的確人活著，能有無限的開放的視野，將世界展開到大而無外的境域，則便能擁有無限自由與開闊的生存空間，去觀看更多美好與卓越的事物。

先不用說，那些企圖拿到造物通行證的詩人與藝術家，必須首先要具有「環視——看不見範圍」的那種不受框限的超越的視力與視境；就是在我們的生活中，要找一個理想的愛人，也應在「環視——看不見範圍」的開放的大地方去找，方可能有更好好的選擇機會，若只在一個狹小的地方找，勢必會失去許多選擇的好機會，而難免有所遺憾了。

可見第一視的「環視」，等於是把窗打開來，使世界海闊天空，一望無際，讓眼睛像是飛在天空裡而不是關在籠裡的鳥，能看到許許多多精彩與美好的生命景象。

所以「環視——看不見範圍」，便近乎是當代藝術大師畢卡索所採取的三百六十度掃描的全面觀察；也就是說人活著要有開闊的世界觀的視野。

第二視：注視——使一切穩住不動

由於人活著，不能沒有自己最佳的選擇，於是在第一視打開的無限視野，所呈現的無數美好的對象中，便不能不透過自己的審視與判斷，進一步去專一的「注視」與抓住其中最美的一個。如果是不經心的亂抓或錯抓，結果便是抓不到什麼好的，只好讓美好的世界，從眼睛中溜走。

可見第二視的「注視」是要我們在三百六十度「環視」的視境中，去找到的最精彩與醒目的世界，放在專注的眼睛中來看。這也就是說，人活著，無論是愛上一個人，愛上詩與藝術或愛上世界上任何的東西，都應該以「注視」所呈現的那種專注與專情的目光，來看待它們。

第三視：凝視——焚化所有的焦點

當我們在「環視」所展現的衆多美好對象中，選出最美的一個來加以「注視」之後，尙須深入其內層的核心世界，去「凝視」其本質的美，而不能只停留在「注視」所看到的表象的美的層次上。否則，便不會把握到確實具有內涵與深度的美的存在。

像一個貌美而內心空乏思想低俗的女人，一首只有美麗詞藻而沒有意涵的詩，一幅只有漂亮顏色而沒有美感內容的畫……等，都同樣是空心的，沒有美的實質；都勢必被那特別具有穿透力的「凝視」看穿。

可見第三視的「凝視」，是觀察力集中成一種具有銳利穿透力與高見度的視力，像打火機，能擊亮一切內層世界的核心與著火點，而顯示出本質與眞實的美的存在。

因而人類的眼睛，怎能沒有「凝視」這樣的一種沉入一切存在的深層世界之底，去盯住本質存在不放的視力呢？

第四視：窺視——點亮所有的奧秘

由於人類生存的世界與宇宙，隱藏著無數的奇異與奧秘的一切，而「窺視」正是進入「奧秘礦區」最好的探照燈；而且也只有「窺視」的視覺形態，能相配合與微妙的透露出一切存在於「奧秘」中的樣子。所以「窺視」，也是人活著，觀看事物、生命與世界，不可缺的一種特異的視覺形態。

當然「窺視」並非叫我們去偷看女人洗澡，因爲那不免格調太低了；如果是覺得不直接而改從鏡子裡偷看美女的臉，會多出一些神秘感，尚可以。最好是使「窺視」多用在夢幻的世界與朦朧美的詩境，那裡確藏有生命較多的奧秘與神秘，需要「窺視」來點亮。

第五視：仰視——再也高不上去

由於在我們的頭頂上，有銅像、有十字架，有不斷激引人類生命向上超越的尼采；同時字典中，也有偉大、崇高、神聖、永恆以及歌頌、讚美、崇敬與仰慕等字彙，便使我們的眼睛不能不向上「仰視」。

在「仰視」中，我們的確看到支持人類不斷向上昇越、突破與創造的龐大生命力，而積極的活在有理想有信望與有爲的樂觀思想中，隨著貝多芬的「英雄交響樂」那不可阻擋的沖激力向前邁進。

但當這種邁進，達到高峰，不能再高上去時，而人的個體生命畢竟又是有限的，最後便只好在心臟停止跳動時，跟隨著西方神話中的西息弗斯（SYSIPHUS）推上山頂的石頭一同滾下來，把向上看的「仰視」很自然的改爲低下頭來向下看的「俯視」。

第六視：俯視——讓整個世界都跪拜下來

的確，當我們飛到三萬呎高空，瞭望著茫無邊際與壯觀的宇宙，眼睛便不能不虔誠的跪下來看；當我們看到一個大將軍，躺在醫院病床上，望著衣架上自己的軍裝，排滿了勳章，像一排排石級，他曾威風的一級一級的衝上去。如今，他的心臟已較往下滴的點滴還緩慢與無力，他與歲月已一同累倒在加護病房的氧氣管裡，此刻生命與世界能不低下頭來「俯視」與默禱？同樣的，當我們看到一個病危的富豪，被推進他自己開的醫院裡，雙目無力的望著窗外一家家的銀行招牌，再大額的存款對他也只是一堆數字，即使他的經紀人一再用安慰的口吻向他說：「老闆！你放心靜養，你的支票本最後的數目字，已可買下這座城市……你是成功的企業家」，但這些話，聲音也一樣像滴下的點滴般微弱，他的眼睛已如靜候最後一班夜車進來的車站，生命與世界又怎能不低下頭來「俯視」？

同時也迫使我們深一層的覺悟到：於生存的第一層次上，人活著，終於要被時空滅掉；於存在的第二層次上，人被時空消滅，雖尚可從花圈、銅像、紀念館與天堂裡復活過來；但於存在的第三層次裡，他死了，我們發覺花圈、銅像、紀念館與天堂安慰的是我們。他閉目離去，太陽究竟從那裡昇起來，他也搞不清楚了。難怪詩人里爾克，在詩中寫的「時間我如何俯身向你」的「俯」字，讓全世界的哲學家，都不能不沉思一輩子，也讓人類都不能不把眼睛從高高的「仰視」變成虔誠的「俯視」，來看生命與世界了。

第七視：無視——從有看到無，從無看到有

的確當數不清的光線、視線、航線與畫家手中畫來畫去的線條，到最後都歸入那條似「有」似「無」的水平線。在線之內，是淘濤洶湧的「有」；在線之外是虛無縹

緲的「無」。人與世界總是自始至終，一同站在這條神秘的水平線上，一再默唸著王維「江流天地外，山色有無中」這兩句詩裡的「有中之無」與「無中之有」，到最後都勢必對存在有所覺知與深悟了。原來人活著，來與去，都一直是在大自然生命龐大的結構中，至於是有是無，都得靠你「無視」勝有視的慧眼來看與用心去悟了。

內在世界的燈柱

——我的詩話

在向生命深處探險的途徑上，我相信任何人的心靈都曾擊亮過一些東西，而下面，便是我在那途徑上所亮起的一排燈柱，它照著人的內在世界，同時也照入我的詩境：

●生命啊！無論是「古裝」與「迷你裙」，都不能阻擋「妳」裸著走向我；在全然開放的時空裡，只要「妳」隨帶著那顆始終跳動著的心靈，至於「妳」是踩著古老的山水或是踩著柏油馬路、電視網路或是踩著蒙露的乳房或是踩著彈片與花瓣走過來的，我羅門羅過來的門，都一一開在那裡。

●生命！它並不等於神父站著你搖籃與墳墓邊所說的那些讚美與祝福的話；它的全部實況，均留在那條裝在你內心中專爲你工作一輩子的錄音帶與軟片上，當你離開這個世界，那是上帝既無法也無權更改的。

●人存在的最大的悲劇，是當他死了，花圈、銅像、紀念館與天堂所安慰的是我們；而他是再也記不起太陽究竟是從那一個方向昇起來了。

●人存在的主要急務，便是在靈魂沉寂的深海，將孤獨的自我打撈。

●世界上最可悲的人，是沒有能力保持住眞實純摯的自我生命，而將之不斷解體變爲現實功利社會框架裡存在的材料。

●世界上最愚蠢的人，是想別人像他一樣，或想自己像別人一樣；因爲魚不能在天空游，鳥不能在水裡飛。

●主啊！人活下去，除了成爲墳地的佳賓，有些時候好像什麼都是，什麼都不是。

●人與理想相處，有時常說空話；人與神在一起，有時常說夢話；可是人回到自己那裡去，人便較任何東西都寂寞。

●「台階」是最美的造型，往上可步步高昇；上不去，它便爲你保留下來的空間；上面高處不勝寒；下面庸庸碌碌。

●在時空的紡織機上，人一方面爲生命紡織永恒；一方面又爲死亡紡織花圈與空無。

●所謂「永恆」，已非上帝的私產，也不是用來贈給「死亡」的冠冕；它只是那些靠你心靈最近且不斷在記憶中發出迴聲與使你永遠忘不了的東西。

●所謂眞實感，它便是那些深入你心靈復又被你心靈緊緊抓住不放的世界。

●離開人的一切，不是尙未誕生，便是已經死亡。

●生命最大的迴聲，是碰上死亡才響的。

●生命啊！於存在的第一層次裡，我知道人活著，終於要被時空消滅掉；於存在的第二層次裡，我知道人活著，被時空消滅掉過後，仍可設想從紀念館、百科全書、銅像與天堂裡復活過來；於存在的第三層次裡，我發覺他死後，紀念館、百科全書、銅像與天堂安慰的是我們，而他是再也記不起太陽究竟是從那一個方向昇起來了。

●人圖逃避痛苦，只有兩條路：一是使肉體全部死透，一是殺死自覺精神，只讓肉體活著，造成假性死亡，因爲人即使是在睡眠中，也會在夢中遇上痛苦。

●哈囉！替我把那個白晝亮著名片，夜裡呼呼大睡的傢伙叫住，告訴他完全偏航了，而且離開「人」的海岸線已越來越遠。

●如果有一天，人被判逐回原始的獸區，那時，汽車、洋房、名片與銀行戶頭都無法替我們上訴；唯一能助我們獲勝的辯護律師，只有那個終日坐在我們靈魂深處裡默想的『人』。

●當人類被時空追捕，只有兩個地方可躲，要嗎躲在教堂裡，要嗎躲進「酒瓶」。

●人類在飯桌與宴席上，與高采烈的圍吃著土地豐盛的糧食；想不到人類自己竟也是讓鐘齒不停地啃吃的糧食。

●世界上最大的綁架案，是死亡的左右手──「時間」與「空間」，將所有的人從搖籃一路綁架到殯儀館，但沒有人知道，也從未破過案。

●世界上最大、最忙且永不能廢除的絞刑場，是設在鐘錶長短針架建起絞架的時間廣場上。

●所謂悲劇性，它往往是生命的另一種更爲莊嚴與積極的存在，正像在痛苦中掙扎的產婦，是爲嬰兒的誕生，同樣是感人與偉大的；所以當海明威、卡繆、卡夫卡等作家將空漠的世界推入我們的心靈時，那種沉痛的感覺，反而使我們擁抱到一個更爲充實與飽和的生命。

●只有存在於悲劇感中，方能了解眞理以及偉大與永恆的眞義；市儈、鄉愿與是非不明之徒，是永不會認識悲劇的；悲劇往往像是插入人的心口，逼著人說出「眞」話的一把尖刀。

●當公理不是眞理時，你又清楚的看見眞理在那，悲劇便已開始存在。

●世界上最大的悲劇之一，是大家張眼看著「對」的他，在「不對」的他們面前，活活的變成不對，這中間便也明白的說出，公理不一定是眞理。

●在我看來，悲觀主義者喝的是一杯苦酒，樂觀主義者喝的是一杯甜酒，韃韃主義者喝的是一杯烈酒；而帶著悲劇精神的詩人與藝術家往往喝的是埋在心靈深處的高級白蘭地，上帝聞到也會醉。

●世界上最寂寞的，不是人，而是「眞理」，較「眞理」更寂寞的，是看著「眞理」日漸寂寞的詩人與藝術家。

●人可以對神與上帝說謊，但絕無法對自己說謊，因爲人面對自己，是在面對一面鏡子。

●人從社會的大銀幕上經過，往往不是支離破碎，便是面目全非。

●人存在於世，勢必面對下面三個關鍵性的選擇點：

1.眞理是悲劇的母親，

2.鄉愿是勢利的芳鄰。

如果要「母親」，

便去登記演悲劇中的角色；

如果要「芳鄰」，

便到「芳鄰餐廳」去喝一輩子是非不明的「黑」牌葡萄酒；

3.如果「母親」與「芳鄰」都不要，

便拔腿就跑，成爲美麗的脫逃，悠然見南山去。

●人活著可以在飯桌、書桌、會議桌與賭桌輸掉一些其他的東西，但人不能把「眞實」的生命輸掉。

●自古以來，政治落在政客們的手中，便都大多是彼此對偷、或對搶彼此口袋裡的名片與支票本，有時打太極拳，有時動刀動槍。

●所謂政治家，是除了站在磅秤上，看自己的學問、能力、才幹與品德加在一起的重量，還要去看在另一個磅秤上，由其他的精英們以及國家的土地資源、歷史文化與千萬人民內心的痛苦呼喊……等加在一起的重量，於相對比下，便眞心誠意的「俯首甘爲孺子牛」；反之便都可能淪爲政客。

● 戰爭已是構成人類生存困境中，較重大的一個困境，因爲它處在「血」與「偉大」的對視中，它的副產品是冷漠且恐怖的「死亡」。

● 在戰爭中，人類往往必須以一隻手去握住「勝利」、「光榮」、「偉大」與「神聖」，以另一隻手去握住滿掌的血，這確是使上帝既無法編導，也不忍心去看的一幕悲劇，而人必須自己來編、來導、來站在血與淚中來看；戰爭來時，在炸彈爆炸的半徑裡，管你是穿軍服、便服、學生裝、童裝、吐乳裝、紅衣與黑衣聖袍，都必須同樣的成爲炸彈發怒的對象，可是戰爭過後，俘虜卻又不忍心殺。

● 人類存在的危機，是由於做爲人存在價值的最後防線—文化，有被後現代功利與勢利的風暴摧毀的現象。

● 在桌面下把眞理殺掉，到桌面上來，用血腥的手舉杯，是詩神與上帝親眼看到的事。

● 我特別敬重的學者，是因他能將一本本疊高像磚頭的書，從內心中伸出威力強大的拳頭，一拳打下去，打出一條思想的「通化街」，通往新的思想境地，否則便都只是智識與學問的代理商與推銷員。

● 讀文而不化，化後又沒有文，雖不是文盲，也絕非有出息的文化人。

● 只在智識、觀念、邏輯以及工具，媒體網路的材料世界裡打轉，找不到眞正的「人」與「生命」，他最好是到資料室與圖書館上班或開書店。因詩人與藝術家最後是創造「生命」與找尋「人」的。

●作家沒有作品，只靠門路與活動獲取創作者的榮銜，是可悲的行徑，那等於是把「推貨員」說是「企業家」。

◎

●都市！你造起來的，快要高過上帝的天國了。

●神看得見，都市！你一直往「她」那裡去。如果說戰場抱住炸彈；都市！你便抱住「她」——肉彈。

●「現代」如果沒有「都市文明」便絕對現代不起來。

●「現代」更深一層的意義，不只是要人類看起重機把摩天樓舉到半空裡去；而是更要人類以焦急的心靈，守望下一秒鐘的誕生。

●如果我們知道下一秒鐘是這一秒鐘的重複，則人類已失去對下秒鐘活下去的理由，因爲時間在我們的生命中，已成爲一停滯的死海。

●人一方面被物質文明推著去做計算機上的「人」；一方面又渴望重返大自然的生命結構中，去重溫風與鳥的自由，於是「現代」成爲一面哈哈鏡，人走樣了。

●我們當中的大多數人，已日漸成爲追逐物質文明與吞吃機械成品的人獸，而且在受傷中嘶喊。

●「都市」是人類感官世界最巨大的工廠，主要產品是「物慾」與「性慾」。

●人在都市患上嚴重的寂寞與孤獨病症時，女人便是男人的療養院；男人便是女人的療養院。

●都市人的孤獨與冷漠，是在成千成萬的人衝過熱鬧的街市，彼此肩碰肩，都不認識，也來不及認識。

●人被看成文明動物，是他將原始在荒野睡覺與吃飯的地方，往豪華的餐廳與套房裡搬。

●「日光燈」將「菜油燈」望成第一波鄉愁；接下來是機器人與電腦在預謀將人的生命驅離肉體的故鄉，製造第二波更嚴重的鄉愁。

●在都市，人不停的打電動玩具；電動玩具也把人當做肉動玩具來打。

●在都市，「消化」把「文化」打敗；「空靈」變成「靈空」。

●都市生存空間出現危機，是由於人有從文明動物變爲文明野獸的現象，而都市裡的文明野獸，確較荒野裡的原始野獸更可怕，因他手中多出黑槍，又有較黑槍更黑的黑心。

●在都市，「錢」是市心、人心、與一切的中心；因地球是圓的，眼球是圓的，銀圓也是圓的，圓來圓去，便都圓進了銀圓；就是看不見由詩心中昇華的渾圓，所以當眼球直盯著銀圓衝過去的路上，發現兒子的血刀下，有父母的屍體，丈夫的血刀下，有妻子的屍體。

◎

●我從事於詩與藝術，都不只是因它能給予一切事物存在與活動以最佳的形式，而更主要的，是因爲人尤其是我自己也必須在那形式裡。

●說我寫詩，倒不如說我是用詩來證實一種近乎神性的存在；詩與藝術已構成心靈同一切在交通時的最佳路線，並將「完美的世界」與「心靈」之間的距離拿掉。

●詩與藝術幫助我們進入一切的核心，並抓住它們的焦點。

●詩與藝術不外是表現生命或事物在時空中存在的微妙關係及其活動時那種幽美的姿式、形態與聲音。

●將詩與藝術從人類的生命裡放逐出去，那便等於將花朵殺害，然後來尋找春天的含義。

●詩與藝術已日漸成爲我的宗教、成爲我向內外世界透視的明確之鏡、成爲我存在於世，專一且狂熱地追求與創造的一門屬於心靈的神秘的學問。

●我仍一直在心中追求著那樣東西，那是因爲它在這裡在那裡在過去現在與未來都是美好的，而它便是詩與藝術。

●學問的種類很多，而我選擇的是哲學家也無法在心靈中將它說得清楚的那門美的學問，而它便是詩與藝術。

●引導人類心靈活動進入完美的方向，哲學家所給出的軌道，有如那可指認的有形的鐵道、公路與馬路；詩人與藝術家所給出的軌道，有如那難於指明的風的軌道、雲的軌道，鳥的軌道，它更爲多彩多姿且具無限的自由與超越性。

● 如果神與上帝眞的有一天也要休息請假，那麼在人類可感知的心靈之天堂裡，除了詩人與藝術家，誰適宜來看管這塊美麗可愛的地方呢？

● 當一個人的心靈發生了意外，如果神與上帝不在，他唯一可信賴的只有兩個人。一個是哲學家——看來像是一個能幹動作較粗的男護士；一個是詩人（或藝術家）——看來像是一位親切細心可愛且溫柔的女護士。

● 人類圖在生命的深海將眞實的自我找到，只有兩把釣桿，釣線較短的一把，握住哲學家的手中，釣線較長的一把，執在詩人與藝術家的手裡。

● 當人類心靈的活動，一進入交感的世界，紅燈便打向哲學家，綠燈則指向詩人與藝術家，所以我說，在人類心靈深處，詩人與藝術家確較哲學家多走了一段美的道路。

● 詩人與藝術家可說是在觀念、理念、經驗等所造起的那座龐大且堅固的「精神建築物」上開窗，使無限的風景，進入心靈遼闊的美的展望。

● 這個世界因有詩人、藝術家、神父與哲學家的存在，「人」便不再是一封閉的體積，而是一透明的建築。

● 詩人與藝術家，他不是躲在傳統的八寶盒裡啃精裝書封殼的；他必須將「自我」不斷送入「時鐘」的磨坊裡去。

●做爲一個開發人類內在世界的創作者，他除了感知背後的拉力，他更必須抓住前面的引力；我們對著太陽的光猛奔，讓史評家去收集背後的影子。

●詩與藝術創造的美的心靈如果死亡，太陽與皇冠也只好拿來紮花圈了；詩與藝術在我看來，它已成爲一切完美事物的鏡子，並成爲那絕對與高超的力量，幫助我們回到純粹生命的領地。

●深入生命與事物的底層世界，將美的一切喚醒，它已成爲詩人與藝術家存在的決策與主要的作業。一個詩人使用的文字，一個畫家使用的色彩與形象，一個音樂家使用的聲音，如果不能進入生命與事物的深處工作，則他實在無法去做著像杜甫、李白、黑爾克、貝多芬與畢加索的那種永恆的夢了。

●一個藝術家將他的生命交給藝術，正像那投出去的物體交給地心吸力一樣，沒有更變的方向。

●一個藝術家終日忙著在現實的那張名片上，加上一些什麼？而忘了換車回到純淨的內心世界，他的藝術生命，便是已患上「癌」，在社會安撫性的笑容中，不知不覺地步向死亡。

●「孤寂」與「苦悶」已被認爲是詩人與藝術家心靈的永久且忠實的朋友；它們確是一直毫無條件地去幫助一個作家，步入偉大與不凡的遠景。

●做爲一個詩人與藝術家，有某些率直的自負與狂，在藝術世界裡，並非什麼過錯；

也許在現實社會上，是一種弱點；可是做爲一個詩人或藝術家，如果勢利、鄉愿、圓滑、無義、是非不分，他或許在現實社會上，可撈到一些好處；但在藝術世界裡，他犯上的過失，則往往重大到可使詩神判他「無期徒刑」乃至「死刑」。

●詩人在辭海中去尋找海的遼闊與深沉的含義，遠不如坐在岩石上觀海。

●在詩與藝術的世界裡，沒有才華，等於是大胖子跑百米。

●我寫詩是因爲：

㈠詩能以最快的速度與最短的距離，進入生命與一切存在的眞位與核心，而接近完美與永恆。

㈡做官與作生意的，只能告訴我們在陶淵明的「東籬」下，如何採到更多的「菊花」，而無法帶我們走進陶淵明的「南山」，詩能夠。

●「美」是一切，也是構成上帝生命實質的東西。

●「詩」是內在生命的核心，是神之目，上帝的筆名。

●詩與藝術能幫助人類將「科學」與「現實世界」所證實的非全面性的眞理，於超越的精神作業中，臻至生命存在的全面性的「眞理」。

●詩與藝術創造人類內心的美感空間，是建天堂最好的地段。

●詩與藝術在無限超越的**N**空間裡追蹤「美」，可拿到「上帝」的通行證與信用卡。

●詩與藝術能將人類與一切提昇到「美」的顚峰世界。

●詩是打開內在世界金庫的一把鑰匙，上帝住的地方也用得上。

●如果詩死了，美的焦點，時空的核心，生命的座標到那裡去找？

●如果世界上確有上帝的存在，則你要到祂那裡去，除了順胸前劃十字架的路上走去；最好是從貝多芬的聽道，米開蘭基羅的視道，以及杜甫、李白與莎士比亞的心道走去，這樣上帝會更高興，因爲你一路替祂帶來實在好聽好看的風景。

●詩與藝術不但是人類內在生命最華美的人行道，就是神與上帝禮拜天來看我們，也是從讚美詩與聖樂裡走來的。

●詩與藝術是人類精神的原子能。

●太空船可把我們的產房、臥房、廚房、賬房與焚屍爐搬到月球去，而人類內在最華美的世界，仍須要詩與藝術來搬運。

●世界上最美的人群社會與國家，最後仍是由詩與藝術而非由機器造的。

●沒有詩與藝術，人類的內在世界，雖不致於瘂盲，也會丟掉最美的看見與聽見。

●一切都要過去，只有眞理與好的作品不會過去。

●眞正的藝術家似乎是永遠活在難於被衆人了解的眞實中，要想被了解，就要將自己變成被接受的不眞實中，但這樣又往往造成「社會人」與「藝術家」角色的混淆。

●藝術世界是精神的奧林匹克運動場，光明正大，而不是搞幫派、串賭、詐賭的地下賭場。

●詩人與藝術家註定是悲劇性的人物，因他追求理想與完美，但社會一直不夠理想不夠完美，甚至有時相當惡劣，難免發生對抗情形，此刻既不能妥協，掙扎引發的悲劇性是可見的。

●詩人與藝術家的「思想」，大多同「生命」作愛，生出「生命」；學者與教授的思想，大多同「書本」與「智識」作愛，生出「學問」。

●詩是內在深層世界第一「知」覺與「感」覺所直覺到的整體「感知」與「悟知」，此刻若缺乏靈覺與心悟的能力，則再好的學問智識與論點，要想回應，都碰到隔音板。

●詩中的「空靈」世界，是在無限的「空無」中，呈現更具存在實質的「實有」；是進入超越與昇華的無限境域，看見湯恩比所覺識的那種進入宇宙之中之後、之外的永遠的眞實存在之境——就空能容萬有、靜能容萬動的境界。

●眞正的詩人與藝術家確是有能力將智識、學問與經驗變成「思想」，再進一步變成「智慧」，更進一步變成「生命的思想」。否則，他便不可能被稱爲內在「生命」世界的另一個造物主。

●詩與藝術幫助人類在哲學、科學、政治與宗教……等諸多學問之外，更創造了一門美的「生命」的學問。

●「第三自然螺旋型世界」，是將原始的「第一自然」（田園型）與人爲的「第二自然」（都市型）的兩大可見的外在生存空間，轉化爲內心不可見的更廣濶無限的「第三自然」存在空間，它顯然是「詩」心活動與運作的世界；也是詩人與藝術家長年居住的家鄉以及生活與上班工作的地方。

●「第三自然」是人類精神世界無邊的玻璃鏡房，裝有三六〇度的旋轉梯，旋向存在與變化的無限生命空間與「前進中的永恆世界」。

●詩與藝術，需要智識，但詩與藝術不是製造智識，而是創造「生命」與智慧。

●只提著智識各色各樣的鳥籠，到詩與藝術的生命天空去抓鳥，便得當心，很可能抓的是解剖室手術臺上的一隻死鳥。

●將批評視爲「評論者」與「作品」在進行精神作愛，則：

「印象式批評」便是草草了事。

「解析式批評」便往往是過程週全，但缺乏精彩的臨門一腳。

「透視式批評」便往往是直進「要害」與「穿心」，使作品發出驚叫。

●將批評視爲判案，則：

「印象批評」便多採取不夠深入與慣常的一般性判決。

「解析批評」是依實據與法律條文，有很好的起訴基礎，但往往缺乏超出法律的洞見與最後判決的智慧。

「透視批評」往往是既顧及法律條文，又能超越法律常態，做出智慧與震撼人心的判決。

●詩是將生命與一切的存在，推入內心「第三自然螺旋型世界」，經由「深化」、「內化」、「轉化」、「渾化」、而昇華進入美的無限的「感化」空間。

●現實功利社會的游離現象，大於內心眞實的本質存在時，詩人與藝術家的創作生命世界，便垂危，甚至面臨解體。

●如果「現代」會過去，接著來的「後現代」也會過去，只有「詩」以及人類的「良知」與「眞理」永不會過去。

●將詩與藝術扯進「政治」狹窄的框架裡去，那多是在做「縮水」的工作，甚至損害詩與藝術於超越中進入良知良能爲完美與永恒工作的心機。

●詩與藝術幫助我們超越「第一自然（田園）」與「第二自然的（都市）」兩大現實生存空間，進而去建立內心無限地轉化與昇華的「第三自然」空間，使我們不但能看見陶淵明悠然的「南山」與王維的「山色有無中」的境界，也能看見「現代主義」與「後現代主義」……等種種主義如何將暫時性的「主義」，在其中溶解且繼續向前昇越與演化進入「螺旋型」的存在與變化的生命架構；而發現在詩與藝術所展開的內心「第三自然」空間裡，「現代」兩字的時間觀念，已是一「前進中的永恆」時刻，而非被鐘錶齒輪與「高速」工業文明切割下連接不起來的時間碎片。

●「後現代情況」指控人已存在於沒有「深度」沒有「崇高點」與「對歷史遺忘」的

狀況下，這我只承認它是目前存在的一個事實而並非永久的眞理。我無法相信只有「低高度」的山腳與山腰、而沒有「崇高點」的山頂的山；我也無法相信只有隨著天氣的變化東飄西蕩的浪面、而沒有「深沈」海底的海，因此我的理想，仍然是繼續在詩中探索與建立一個具有「美」的「深度」與不斷向「頂端」爬昇的創作世界，這個世界對我而言，具有「現實」與「永恆」雙重的實在性，並永遠存在於「人」與「萬物生命」的永恆架構中。

- 「後現代情況」是現代人生存空間被「速度」、「物質化」「行動化」全部佔領，發出的呼救訊號。
- 永恒是過去現在與未來串通成的。
- 完美是最豪華的寂寞。
- 在鄉愿勢利、價值失控、沒有是非與道德的後現代生存環境中，人是寂寞的！

  而較人更寂寞的是眞理！

  較眞理更寂寞的，是看著眞理寂寞的詩人。

從我「第三自然世界」看詩的終極價值

——詩帶給人類眞正永恆的財富——『美』

人類活著，如果眞的有智慧，應該是盡心盡力在科技引發高度的物質文明爲人類肉體打好「衣吃住行」的豪華基礎上，去向上建構人類更輝煌的生命與精神的宮殿；也就是不但讓我們的身體住進外在美的玻璃大廈，尙要讓我們的心靈住進內在美的水晶大廈。否則，人類活著仍是一頭美麗的文明動物，只是將在原始曠野睡覺與吃飯的地方，往「希爾頓」的套房與餐廳裡搬，而不可能是一個確實有「美」的生命內容的人。要人有「美」的生命內容，事實上，只有詩與藝術的力量能確實達成。因爲詩與藝術的終極工作是「美」，是將所有的生命與事物提昇到「美」的顚峯世界……至於其他的像科學、哲學、政治、歷史，乃至宗教……等思想，都只能豐富詩與藝術的思想，卻不能美化詩與藝術的思想；但詩與藝術超越中的「美」的思想——

可美化科學的思想——使科學不致於野蠻。

美化哲學的思想——使哲學不致於僵冷。

美化政治的思想——使政治不致於腐化。
美化歷史的思想——使歷史不致於乾燥。
美化宗教的思想——《聖經》是詩看著寫的；詩與藝術不但是人類內在生命最華美的人行道，就是神與上帝禮拜天來看我們，也是從讚美詩與聖樂裡走來的。

此外尚可美化時間。
美化空間。
美化社會。
美化國家。
美化整個人類世界。
美化人從搖籃到墳墓的整個生命過程。

其實每一個人的一生，都是一首美在不同形態中的詩，一件美在不同形態中的藝術品。難怪孔子早在古代就認爲「詩是天地的心」。

法國詩人阿拉貢也說：「詩就是天國」。
亞利斯多德也認爲「詩較歷史更有哲學性，更爲嚴肅」。
杜斯妥也夫斯基也說：「世界將由美（就藝術）來拯救」。
更有人說：「詩是神之目，詩就是眞理」。

基於以上的看法，我想對詩與藝術的終極價值做進一步的論斷，我認爲：

●詩與藝術在科學、哲學、宗教、政治……等學問之外，爲人類創造了一門「美」的生命的學問。

●將詩與藝術從人類的生命裡放逐出去，那便等於將花朵殺害，然後來尋找春天的含義。

●詩是打開內在世界金庫的一把鑰匙，上帝住的地方也用得上。

●如果詩死了，美的焦點，時空的核心，生命的座標到那裡去找？

●太空船可把我們的產房、臥房、廚房、賬房與焚屍爐搬到月球去，而人類內在最華美的世界，仍須要詩與藝術來搬運。

●世界上最美的人群社會與國家，最後仍是由詩與藝術而非由機器造的。

●沒有詩與藝術，人類的內在世界，雖不致於痖盲，也會丟掉最美的看見與聽見。

●愛因斯坦等科學家腦的思路，進入無限奧秘的世界，有所發明，也都是「詩」一路爲他們打著無限的想像之光。

●詩與藝術能幫助人類將「科學」與「現實世界」所證實的非全面性的眞理，於超越的精神作業中，臻至生命存在的全面性的「眞理」。

●詩與藝術創造人類內心的美感空間，是建造天堂最好的地段。

●詩與藝術在無限超越的**N**空間裡追蹤「美」，可拿到「上帝」的通行證與信用卡。

●詩與藝術創造的「美」是構成上帝生命實質的東西。

●如果世界上確有上帝的存在，則你要到祂那裡去，除了順胸前劃十字架的路上走；最好是從貝多芬的聽道，米開蘭基羅的視道，以及杜甫、李白與莎士比亞的心道走去，這樣上帝會更高興，因爲你一路替祂帶來實在好聽好看的風景。

●如果神與上帝請假，那麼在人類可感知的心靈之天堂裡，除了詩人與藝術家，誰適宜來看管這塊美麗可愛的地方呢？

●詩能以最快的速度與最短的距離，進入生命與一切存在的眞位與核心，而接近完美與永恆。

●詩與藝術創造的美的心靈如果死亡，太陽與皇冠也只好拿來紮花圈了。詩與藝術在我看來，它已成爲一切完美事物的鏡子，並成爲那絕對與高超的力量，幫助我們回到純粹生命的領地。

●「詩」是內在生命的核心，是神之目，上帝的筆名。

如此看來，在人類存在的世界裡，面對高科技與物質文明勢必更爲強勢的廿一世紀，詩與藝術，更應被視爲建構人類理想與優美的新人文生活空間的主要且絕對的巨大力量。的確沒有詩與藝術，人與世界都不可在本質上眞的「美」起來。

註：⑴本文中一再提到「美」這個字，它指的不只是外在表象的美，而更是所有藝術家與詩人特別追求

的內在精神、思想與觀念之「美」；也不只是快樂、幸福、理想與希望……等是「美」的，就是人在一生中難免遭遇到的痛苦、悲劇乃至虛無與絕望，在藝術中也能轉化呈現出莊嚴甚至震撼性的「美」的存在。

(2)本文題目提的「第三自然」，可參考這書中的「談我的第三自然與公木的第三自然界」。

內心深層世界的探索

——「第三自然」超越存在的解讀

「第三自然」是指詩人與所有的文藝作家的內心世界，在不滿足於第一與第二自然兩大現實的生存空間，便將之提昇與轉化為內在更富足與具有生命美的內涵的「第三自然」世界，像柳宗元「獨釣寒江雪」詩中的雪，是凝結在內心「第三自然」中已一千多年，永遠化不掉的雪，這個「雪」字，竟在詩中伴隨著人與大自然走了一千多年，還要走下去，並成為「前進中的永恒」的存在……。

陳鵬翔教授在《羅門蓉子文學研討會論文集》發表的「論羅門的詩理論」中認為我的「第三自然」，受施友忠教授主張的二度超越的影響。我的確能體諒他在一般正常的情形下，有這樣的看法，因為施教授是有哲學思想的名學者，同時外在世界既被稱為「第一自然」，內心進行「超以象外得之環中」的無限精神境界，視為「二度超越」，就已足夠與相當完善，不必再有什麼「第二」與「第三」自然的糾纏情形。但從我多年來實地的創作思想與經驗來看，又的確有必要將「自然」分類爲三個：

「第一自然」是田園山水型的生活空間。

「第二自然」是人爲都市型的生活空間（或稱機械與物質文明展開的生活空間）。有人造鳥—飛機、四腳獸—各種四輪車……太陽自窗外落下，屋內昇起日光燈的太陽光……。這一空間不斷的進步發展，人類寶貴的智慧、精力、財力與時間都大量投入這個存在與變化的空間，帶來科技文明的資訊，不斷刷新人類的經驗、思維、想像能力、觀物態度以及生存的景觀與創造的理念，這空間絕不同於田園山水的生活空間。

「第三自然」便是指詩人與所有的文藝作家的內心世界，在不滿足於第一與第二自然兩大現實的生存空間，便將之提昇與轉化爲內在更富足與具有生命美的內涵的「第三自然」世界，像柳宗元「獨釣寒江雪」詩中的雪，既非「第一自然」山頂上的雪，也非「第二自然」電冰箱裡的雪；而是冰結在內心「第三自然」中已一千多年，永遠化不掉的雪，一直在說著人存在於時空中的荒寒與孤寂感。的確不可思議，這個「雪」字，竟在詩中伴隨著人與大自然走了一千多年，還要走下去，並成爲「前進中的永恒」存在。

如果沒有人爲的「第二自然」，人只能與第一自然的田園對話，人沒有機會同都市的機械文明對話，便那裡來的前工業與後工業的社會形態以及現代與後現代的文藝情況；那裡來的現代抽象藝術、奧普、新寫實、光電藝術與多元媒體表現等五花八門多彩多姿的創作形態，豈不使我們只去看畫了又畫的水墨山水畫，怎能滿足創作的慾望。事實上，沒有都市型的「第二自然」生存空間，等於把人類心靈最具有挑戰性、前衛性與創新性的對話對象割離，勢必使我們懷疑「現代」與「後現代」眞正的創作精神思想，究竟從那裡來？事實上，「第二自然」生存空間，已被視爲引發與拓展人類智慧創作的思想大磁場。再說我的「第三自然」理念，是發表在一九七四年七月出版的「創世紀」，施教授發表的「二度和諧及其他」，是在一九七五年十二月號的「中外文學」，較我晚一年半；我寫「第三自然」，也從未同施教授談過「第三自然」與「二度和諧」的問題。我之所以在創作理念中，特別凸現出人爲「第二自然」的都市型生存空間，是因爲我的詩觀特別強調「現代感」，甚至發現「都市」所主控的強烈與動變的「現代感」，同創作者使用的表現媒體，在活動時所顯示的形態、形勢、動力與創作思維空間的前衛性與新創性都含有極度的互動性與激化作用，當我們聽到有讀者說，某人的詩沒有「現代感」，便幾乎是在說他沒有同「第二自然」——都市文明對話，他使用的語言媒體與表現的美感經驗，因疏離甚至孤絕都市生存空間的現場所造成的；我們甚至可進一步說，即使是後工業、後後工業、後現代、後後現代，也不能不去看「第二自然」——「都市」這一最富變化、最前衛、最激進、最具生存挑戰性的「文明櫥窗」—它不斷在調度與刷新人們的內視空間，影響藝術與文學的創作思想。

可見我的「第三自然」理念，是純粹由我個人創作中體認而來；之後，進一步探索成為我的「第三自然螺旋型架構世界」，是企望以此觀看人類內在生命思想在時空中，以「螺旋形」不斷向上旋昇與超越、進入更廣濶的無限視野，讓過去、現代、後現代、後後現代的新的現代，不斷向前演化成「前進中的永恆」的存在之境。

至於陳教授論及我的「第三自然」同施教授與尼采三人內心的超越情境，我想也略補充說明個人的一些淺見。

我認為施教授的兩度超越，近乎是一種流露出中國傳統文化人具有修持、有德性、無為而為的開濶與曠達的生命情懷，這種情懷在形而上的昇華中，便自然進入無限超越的和諧與圓融的心靈境界，這同尼采式的思想超越雖都同是超越，但有所不同，尼采的超越，是屬於西方式的，有突破的「刀尖」、有「傷口」、有「悲劇」；施教授的超越，是屬於東方中國式的有謙和、寬大的包容性、有時對世事也有感嘆，但沒有悲劇感，這種外歸造化，中得心源、融會圓通、超塵出俗、自足自給的超越心境，確也是人存在於世的一種至為高超卓越的人生境界。尤其在物慾、功利、道德淪落以及韓非子講心術大行其道的世紀末現實生存環境中，便更顯得高潔與珍貴了。

至於我「第三自然螺旋型架構」世界，所呈現的心靈超越，同施教授、同尼采，也有所不同，如上文所說，它是從我多年來詩創作的實踐的心境所體認與呈現出來的，我認為做為一個詩與藝術的創作者，是勢必要穿越「第一自然」與人為「第二自然」

兩大實際的生存空間，並使之轉化進入內心「第三自然螺旋型」的具有超越精神的世界，方能臻至與達成創作的終極目的與企求；同時爲在創作中，有效地凸現作品的「現代性」、「前衛性」與「創新性」，創作者便不能不正面地介入存在與變化的「第二自然」，並同之打交道與對談，以求在創作媒體的運用，以及思考空間與美學觀點有新的發現突破與建立——於無形中也顯示出這是屬於詩的創作「心靈」與「藝術」的雙重超越。並也因此，在存在與變化的時空中，看出詩人與藝術家有不同的創作心境與風貌，譬如柳宗元在千年前寫「獨釣寒江雪」，是在看得見有江有雪的景物來寫出人存在於荒寒中的孤寂感，表現心靈在超越存在中的覺悟之境；而我身爲現代詩人於被人爲「第二自然」的「機器鳥」帶到三萬呎高空，於無江無雪的新的時空景況之中，寫「問時間／春夏秋冬都在睡／問空間／東南西北都不在／太空船能運回多少天空／多少渺茫」，那便是在進行著一種和柳宗元同中有異的心靈超越，產生對宇宙的新的時空鄉愁。如果沒有「第二自然」造的機器鳥，我便沒有機會寫那樣的詩。

如此看來，無論是施教授的心靈超越，尼采的心靈超越與我內心「第三自然螺旋型架構」世界的心靈超越，雖都有突破現實與時空阻力，進入「前進中的永恒」世界之欲求，但形態與意涵都非盡同。

如果我說的不錯，施教授的超越，是一種自足性高、自守性強、以不變應萬變較溫和的觀照性的超越；尼采的超越是採取極端、激烈性、不妥協的一直向前突破的超越；則我的「第三自然螺旋型架構」世界的超越，是透過創作心靈同第一與第二自然多元性存在與變化的現場景況，經由詩的穿透力、轉化力與提昇力所進行的超越，便難免含有尼采正面介入引起衝突所產生的悲劇性，這是施教授的超越心靈，較不易出現的；有時也免不了含有施教授二度超越中所流露的一些偏於東方性的靈悟與自然觀（如我上面舉的詩例）。這是同尼采的超越心靈所呈示激烈性的悲劇精神多少有距離的。

談到此，在思想的玻璃鏡房裡，便清楚地凸現彼此內心存在的相異性以及難免出現的盲點，那就是當施教授進入天人合一、道可道非常道以不變應萬變的靜觀自得的超越境界，有其高尚與令人敬佩之處的同時，他對「存在與變化」的時空，其主動、直接與正面介入實際生存現場去對質，去從中引發新的演化，甚至新的激變與異化作用，產生新的觀照力與新的視野這方面較聽其自然，不予以特別與積極的關注，近乎是陶淵明「悠然見南山」式的隱遁與淡泊的無爲而爲的超越心態，這種「大而化之」的「省略」與「跨越」，最後是難免同現實尤其是同目前已使「文化」、「政治」與「經濟」三種不同性格的思想解構交雜在一起的「後現代」以及同偏於行動化、功利化、快速地發展的後現代多元化價值觀世界，較缺乏對話，顯有某些隔閡與疏離感；而尼采採取「有爲而爲」永不屈服的向卓越的精神顛峯世界超越，雖令人類不能不也對他表示驚讚，但他具強勢與帶有激烈英雄色彩的不可阻擋的突破與超越，帶給人類心靈一波波的悲劇、傷口與痛苦，也同時使人類感到好累！

至於我是詩的創作者，在我「第三自然螺旋型架構」的超越世界裡，一方面必須介入生命存在的現場；一方面又必須從現場超越，像是站在水平線上，必須看「現實」的千波萬浪的海，也必須看超越現實的海之外的海。在人生中，我一直希望有一個「合理」而且有原則像「奧林匹克運動場型」的現實生活空間，但事實上，它都一直很不「合理」，我又相當堅持，有時我也會理直氣壯，採取尼采不妥協的直前態度，但那只會把事情弄得更不理想；採取施教授隱遁式的無爲，從另一個角度看，又近乎是另一種美麗的隱退，甚至是另一種美麗的逃避；可是企求「正面」穿越，又難免連續造成自己的傷害。於是便被卡在「介入」與「脫出」的拉鋸戰中，不得不面對「存在思想」明知不可爲又不能不如此的某些荒謬與躲避不了的悲劇性的存在事實。如此看來，三人雖都是超越，但都顯有某些不同；同時整體看來，我較偏於「詩」，施教授與尼采較偏於「哲學」性，如果單將我與施教授的超越心境作個比喻，則在心靈的天空裡，施教授已昇華到雲上的純然的藍空，而我是必須介入生活現場去創作的詩人，於是我雖也有時超越到雲上的無限境界，但我也必須經常「形而下」的穿越雲下充滿了煙火與濃煙的現實世界，進行雲上與雲下的相互直接對話，同施教授悠然在雲上的靜觀心境顯有同與不同之處。

寫到此，文章應是結束的時候，忽然從內心的潛在世界中，浮現出人存在於世界三個任誰都得注視的選擇點：
●眞理是悲劇的母親，
●鄉愿是勢利的芳鄰。
如果要「母親」，
便去登記演悲劇中的角色；
如果要「芳鄰」，
便到「芳鄰餐廳」去喝一輩子
是非不明的黑牌葡萄酒；
●如果「母親」與「芳鄰」都不要，
便拔腿就跑，成爲美麗的脫逃，
悠然見南山去。

【附】此文只是坦誠的說出四十多年來我在詩與藝術不斷探索的內在生命現場，所覺識到的內心存在情境；於開放的生命思想視野，也盡力透過詩，找到自己存在的聲音與思想的座標點—它就是我內心的「第三自然螺旋架構世界」—「詩化的內心世界」，用以觀視與解讀自己、人與世界的存在。

談我的「第三自然」與公木的「第三自然界」

我六十三年（一九七四年）七月在「創世紀」發表的「第三自然」創作理念，它比公木早在十一年前提出，它是基於下面的幾項重點來建構的：

(一)我對「第三自然」的解說

當後期印象派畫家喊出「我們照著太陽畫，怎樣也畫不過太陽的本身」，這句話，便使我們清楚地重認到第一自然存在的層面與樣相——諸如日月星辰、江河大海、森林曠野、風雨雲霧、花樹鳥獸以及春夏秋冬等交錯成的田園與山水型的大自然景象，它便是人類存在所面對的第一自然；當愛迪生、瓦特發明了電力與蒸氣機，在那有電氣設備的冬暖夏涼、夜如晝的密封型巨廈內，窗外的太陽昇與落，四季的變化，都多麼異於在田園裏所感覺的，再加上人爲的日漸複雜的現實生活環境與社會形態，使我們清楚地體認到另一存在的層面與樣相，它便是異於第一自然而屬於人爲的第二自然的存在層面與樣相了。

很明顯的，第一與第二自然的存在層面，是人類生存的兩大「現實性」的主要空間，任何人甚至內心活動超凡的詩人與藝術家，也不能超離它。然而，這一事實上已構成大多數人生存範圍與終點世界的第一與第二自然，對於一個向內心探索與開拓人類完美存在境界的詩人與藝術家來說，它卻又只是一切的起點。所以當陶淵明寫出「採菊東籬下，悠然見南山」、王維寫出「江流天地外，山色有無中」、艾略特寫出〈荒原〉、金士堡寫出〈吼〉，我們便清楚地看到人類活動於第一與第二自然存在層面得不到滿足的心靈，是如何地追隨著詩與藝術的力量，進入那無限地展現的內心「第三自然」境界。

可見「第三自然」，便是詩人與藝術家掙脫第一與第二自然的有限境界與種種障礙，而探索到的更爲龐大與無限壯闊的自然——它使第一與第二自然獲得超越，並轉化入純然與深遠的存在之境。此境，有如一面無邊的明淨之鏡，能包容與透現一切生命與事物，活動於種種美好的形態與秩序之中，此境，可說是「上帝」的視境。的確，當詩人與藝術家以卓越的心靈，將一切生命與事物導入「第三自然」的佳境，獲得其無限延展與永恆的生機，這便等於是在執行著一項屬於「上帝」的工作了（見收進《時空的回聲》論文集中的那篇論文：〈詩人與藝術家創造了人類存在的『第三自然』〉）。

㈡「第三自然」創作理念的A與B兩大作業程式

A程式：

對象→潛在意象→美感意象

$A \to A_1 \to A_2 \to A_3 \to A_N$

詩與藝術絕非第一層面現實的複寫；而是將之透過聯想力，導入內心潛在的經驗世界，予以交感、提昇與轉化爲內心的第二層面的現實，使其獲得更富足的內涵，而存在於更龐大且完美與永恆的生命結構與形態之中，也就是存在於內心無限的「第三自然」之中。所以詩能使我們從目視的有限外在現象世界，進入靈視的無限的內在心象世界。（羅門）

的確詩人與藝術家從「觀察」到「體認」到「感受」到「轉化」到「昇華」，進入靈視的「無限的內在心象世界」，這個世界，便正是存在於內心中的「第三自然」世界。

B程式：螺旋型架構

誠然詩人與藝術家如果站在第一自然（或第二自然）的(A)原象位置不動，則詩與藝術確實的創作行爲仍在靜止狀態中，所以將Ⓐ當做外在世界實在的「魚」或「山」來看，則詩人陶淵明必須將Ⓐ向內做無限的超越與轉化，且玄昇到Ⓐ**N**的存在空間，不會去寫「悠然見『阿里山』」，而去寫「悠然見」「第三自然」中的「南山」；同樣的，柳宗元，也不會去寫「獨釣寒江『魚』」；而寫「獨釣」內心「第三自然」中的「寒江雪」，如果寫「獨釣寒江『魚』」，則讀者應大多是菜市場不懂詩的魚老闆；但寫「獨釣寒江『雪』」，則讀者便包括有哲學家了。可見由Ⓐ轉化到Ⓐ**N**所形成詩人內心創作的螺旋型架構，已是詩人在詩中，創造了人類存在於「內心的第三自然」中的一個永恆活動的基型；並掌握著詩人創作生命那無限地演變拓展的活動航道與空間。

同時由詩人透過「觀察」→「體認」→「感受」→「轉化」→「昇華」等思考程序，所形成人類智慧創作向前連續發展的「螺旋型」世界，一方面在「時間」上可將「過去」、「現在」與「未來」相關聯地整體存在於「前進中的永恆」時刻，使創作中的「時間感」源遠流長生生不息；一方面在「空間」裏，「螺旋型」是「空間」上下走動左右迴轉的螺旋梯，它有不斷向上突破的尖端掌握美的顚峯世界；也有無數變化衍生的厚實的圓底，潛藏無限的美的奧秘。它甚至像是緊握在詩人與藝術家手中的一把螺絲刀，鑽開古今中外的時空範疇與現代物質文明圍壓過來的一層層「厚牆」，讓詩與藝術帶引人類不斷穿越，進入超以象外與脫離「框架」的無限境域，去呈現精神自由廣闊的形而上昇力；同時也鑽通所有已由美學世界出來的種種藝術流派與主義，以及將由科技世界出現的各種新穎的使用工具媒體、資訊與生存的物質環境……等均視爲創作上的材料，等待詩人與藝術家不斷將它溶解轉化入「內心第三自然」，去成爲創作新的「南山」境界。

(三)「第三自然」應是世界上所有詩人與藝術家眞正居住的「家」

像陶淵明詩中的「南山」，柳宗元詩中的「雪」，都是屬於「第三自然」的景象，在第一與第二自然是看不到的；又貝多芬的樂音、馬蒂斯的色彩、米羅與克利的線條、布朗庫斯與康利摩爾的造型……也都是在內心「第三自然」無限廣闊的空間才出現，只能被「靈視」見到、被「靈聽」聽到，在第一自然與第二自然是不存在的。可見「第三自然」，正是現代藝術所一致強調的；藝術家必須去創造內在不可見的更爲無限的實在。因此「第三自然」，不但是詩人與藝術家永久的老「家」；而且也是他們爲人類創造輝煌與永恆精神事業大展鴻圖的地方。

至於大陸學者古遠清教授一九八九年四月在香港中文大學主辦的「中國現代詩學研討會」上發表的〈大陸四十年詩歌理論批評景觀〉論文中談到公木與艾青、何其芳、謝冕、公劉、流沙河、亦門、安旗、李元洛、郭沫若等各方面的評論家時，對公木一九八五年出版的《詩論》一書中，所論及的「第三自然界」創作理念，做了以下的扼要介紹：「公木一九八五年出版的《詩論》是我國現代詩史上鮮見的提綱挈領的美學論著；公木的《詩論》，幾乎語語有出處和根據，值得重視的是《話說『第三自然界』》。作者以其廣博的學識、深厚的藝術理論涵養談了他對『第三自然界』的看法。他認爲：『科學技術是透過現象把握本質，把本質從現象中抽象出來，重在發現，它只能創造和改造『第二自然界』；文學藝術則是通過現象揭示本質，把握由現象到本質的統一，重在創造，它除了有助於創造和改造『第二自然界』以外，更創造和組織了『第三自然界』。『第三自然界』的歷史較之『第二自然界』的歷史，具有更加生動活潑、豐富多彩的內涵。它既是『第二自然界』的形象反映，又是由人類想像力所幻生出來的。它具有客觀實在性與可感性，人們可以往來出入，泳游憩息，『得到至高的啓迪與最大的滿足』。公木這一『第三自然界』的理論，雖受高爾基文化觀的啓發，但仍有自己的灼見。他爲別人的著作所塡入的這許多有益的科學注疏，說明他把詩歌創作與詩歌理論相溝通的能力和才學，往往超出一般的詩評家之上。」

從古教授上面所做的扼要介紹中，公木所提的「第三自然界」，雖較我的「第三自然」名稱，多出一個「界」字，但如果「界」字，能解釋爲「境界」，則我的「第三自然」本也是一種精神的境界，故在質地上，仍有類似性。同時，公木的「第三自然界」，認爲「第三自然界」的歷史，較之「第二自然界」的歷史，是有更加生動與活潑豐富多彩的內涵，它既是「第二自然界」的形象反映，又是由人類想像力所幻生出來的。它具有客觀實在性與可感性，人們可往來出入，泳游憩息，「得到至高的啓迪與最大的滿足……如此看來，公木的「第三自然界」與我「第三自然」在上面談到的幾項重點尤其是第二項重點中的基本精神與思想意識，都相當接近，我甚至曾強調，「第三自然」是詩人與藝術家將一切推上美的巔峯世界與領上帝通行證與信用卡的地方。

【註】公木是大陸名學者文學批評家

在廿一世紀文學家如何面對人類存在的一些關鍵性的問題

作爲一個文學家，看來他應該較一般人更有靈視與思想的能見度與能思度，能對人類存在那許多關鍵性的問題，有深一層的追索探究與見解；尤其是在世紀末，對新的世紀即將來臨，更必須對存在懷有新的評估、重認與展望。

誠然在世紀末所掀起的後現代風潮，確將不少對人存在價値具有沖擊與挑戰性的關鍵性問題引發出來，迫使我們面對，那就是在目前打著「後現代」招牌，一窩蜂向人類生存思想與精神市場具強勢推銷過來的那許多「高價位」的搶眼的名牌貨品——如「上帝不但已死，而且根本不存在」、「沒有永恆」、「沒有絕對的眞理」、「沒有中心」、「泛方向感、泛價値觀」、「解構與多元化」、「沒有歷史感、崇高感、與深度」……接下來是「詩不要意象、詩死」、「看不見的形而上世界沉淪」、「文學排除主體性」……等

面對上述這些有關人存在的流行「貨品」，我們身爲文學作家，怎能「來貨照收」？

理應做具選擇性的有效驗收，以達到理想的要求，方能邁進有新希望與對人存在價值重認的廿一世紀。下面我們著項來面對與探究上述這些關鍵性的問題。

(一)關於後現代流行「上帝不但已死，而且根本沒上帝」之說

「後現代」傳說「上帝不但已死，而且根本沒有上帝」。我的看法是：關於上帝是否死與存在的問題，我們或者暫且保留尼采早就喊「上帝已死」所說的，是基於人存在應對自我負全部的責任，用自己的作爲，來證實自己的存在，不須把責任推給上帝，找上帝賜福與赦免。在這樣的情形下，上帝的存在不存在，已不重要，也等於不存在，也等於死。但上帝是否眞的死了？或者只是被尼采冷落與軟禁在不讓人類接近與過問的地方，尚有待查證。

當然，當你抓住酒瓶，等於抓住上帝的後腿；抓住女人的玉腿，等於抓住天堂的支柱，上帝即使不氣死，也不知跑到那裡去了；當炸彈在戰場上到處亂炸；肉彈在市場上到處亂爆，上帝既管不了，或視而不見、聽而不聞，便也等於不存在，或是張目的死了。再就是在目前世界，大家都向錢勢看，缺乏良知、良能、沒有原則與是非感，於是由政客、市儈、與唯利是圖之徒，不擇手段所形成那個價値失落、乃至無情無義無信無德的生存空間，上帝既擠不進來，成爲多餘的局外人，便等於不存在，也等於是死了，當「錢」帶著「眼球」滾動，「文化」被「消化」打敗，「空靈」有轉變爲

「靈空」的趨勢，原本是最需要上帝降「靈」的時候，而這些人的心靈之門卻反而深鎖，上帝既被拒於千里之外，對於這一大群人來說，便根本等於不存在，也等於死了。

的確，上帝在許多特殊的生存環境與情況下，在不少人的心中，是不存在與死的，尤其是後現代趨向沒有永恆，否定上帝存在的觀念，更是宣揚「上帝已死」的論調。但站在全面開放的視野上，上帝眞的不存在與死了嗎？當然，最後的答案，並非如此。

事實上，我們發現上帝在別些地方與不少人的心中，不但沒有死，而且活在他們的敬仰與膜拜中，像大音樂家李斯特、貝多芬、巴哈與韓德爾，像畫家夏格爾與梵谷，像寫「失樂園」的作家米爾頓，寫「窗外有藍天」的小說家E.M. FOREST；寫詩的里爾克與莎士比亞；像科學家愛因斯坦與愛迪生，像哲學家康德與桑塔亞那，像美國不少政治領袖……等人，都是上帝虔誠的信徒；尤其是當我們不預設立場，走進禮拜堂看牧師以有說服力的傳道精神，對台下數百位信徒（或尚未信教的人們）講道，聽衆其中有顯赫的社會名流、成功的大企業家、高學歷的學者以及大衆，都全心的傾聽與跟著牧師禱告，那種至爲感人的誠摯的情境，此刻如果我們不受感動還要硬說「上帝已死」，則對他們確實有心信上帝的人，是不夠包容與不公平的；尤其是在後現代有各信各的自由，怎能不讓別人也有選擇信上帝存在的看法，而且在目前世界，持這樣的看法，對於後現代過度自由放縱，道德淪落、靈性受挫，形成社會的亂象與惡質化，已達到電視一連串播放的驚世駭俗的可怕地步，是否反而覺得他們這一群人，持信上帝的存在，有助於人類性靈的淨化，且對目前社會的敗壞與歪風，有拯救與改善的影響力？至少眞心信上帝的人，會變好，不會變壞。我雖不是教徒，但我不會說上帝已死與不存在，也不會反對別人信上帝，甚至在我飛在三萬呎高空面對茫無邊際的宇宙，感到人類存在的渺小，或在聽貝多芬的第九交響樂時，內心湧上那帶有宗教性的無限的奧秘，嚮往、膜拜與虔誠的感悟之情，的確是與教徒們信仰上帝的完美世界，有某些感通的，雖不一樣，但也近似「芳鄰」。

(二)後現代流行「沒有永恆之說」

面對後現代流行「沒有永恆」的看法，可說是跟著「上帝已死」的話傳開來的。因爲大家過去都曾聽說「只有上帝能永恆」，那麼後現代宣告「上帝已死」，當然「永恆」也就沒有了。可是我認爲當我們接受「沒有永恆」此話時，仍應持保留的態度，甚至不能完全接受與同意。

的確，由於人短短的一生，再努力拼命，再有輝煌的成就，也一樣要過去。在茫茫的時空中，人的確是很脆弱的，經不起年月的襲擊。即使人死後，尙可設想從銅像、紀念館、與百科全書乃至天堂裡復活過來，但再想一下，他死後，連太陽從那裡升起來，他都搞不清楚了，於是那些含有永恆性的紀念物，又變成了什麼呢，答案在活著的人迷惘的眼睛中，仍存在問號？像這樣，「永恆」在後現代都市人口渴的時刻，眞的是較一杯可口可樂還不如，他們在出奇的焦灼、焦急與焦慮中，渴望這一秒，整個如意的世界，最好掉進他的口袋裡去，如果有「永恆」，這一秒才是他的「永恆」。「永恆」既不是上帝的私產，也不是贈給死亡戴上的冠冕。的確要「後現代」說有「永恆」，倒不如要它說那追著都市滿街跑的無數腳印，是風中的落葉。「永恆」在那呢？可是如果眞的如此，所有的存在都只是預見中的「消失」，都是空的，豈不使人深深陷入無邊的空無之中。於是，又必須在閉目之前，盡量感覺下一秒鐘自己仍活著，仍希求從絕望的深淵中走出來，感覺整個時空，仍在前進的「永恆」中行進；於是似乎又聽見了生命一些永恆存在的回音，並隨著那許多偉大人物的「永恆」不朽的創作，所舒放出美的感人的生命力與智慧的光，而重又感悟到「永恆」隱隱約約的存在。像杜甫、李白、里爾克……等人的詩、貝多芬與莫札特……等人的音樂、米開蘭基羅與米羅……等人的視覺藝術……都的確在時空中潛藏有一種死不了的感人的「美」的生命力與機能，成爲一種前進中的「永恆」的存在。如果人活著，對「永恆」能有這樣的體認、覺悟與寄望，總是較抱持完全的絕望與空無活著，要好些與有積極的意義些；若更有人持信上帝所創造的「永恆」世界，也讓他們懷著善良虔誠的心，在「平安夜」抱著「永恆」的天國入夢，有什麼不好呢，而且後現代既流行各信各的說法，就便無權來否認別人心中對「永恆」所持的信念了。這樣對人的存在，便也有更大的包容性，像用「天空」而非用「鳥籠」來對待鳥了，同時持有永恆的意念活著總是美好的。

(三)後現代流行「沒有絕對的眞理」之說。

後現代出現「沒有絕對的眞理」之說，這同後現代流行「上帝已死」、主張「多元」與各說各話有關。因爲大家在過去都大多認爲「上帝」就是眞理，而且是唯一的至高的眞理，但上帝在後現代既然已死，那麼沒有絕對的眞理已成定局；而且在偏於個體性與一意孤行的後現代，誰都覺得自己才是「上帝」，才是「眞理」時，那裡還會有絕對的眞理？所以當我們在後現代聽到衆人像患流行性感冒順口說「沒有絕對的眞理」時，好像是大家面對現實存在時，都幾乎會很自然接受的一個事實。因爲人活在越來越多元化失去可靠的中心的後現代「分化」情境中，的確常面對沒有絕對眞理的時刻，被夾在A、B、C……等所持相對的非全然的眞理中，而陷入存在的可見的荒謬之境。然而在此刻，我認爲一個具有高度智慧與覺知的卓越的人，尤其是詩人與藝術家，仍應以超越、正直與開放的心靈，去探視與明辨其中之所以都不能成爲絕對眞理的盲點在那裡，而盡可能找到並持信有一個是較能接近絕對眞理的眞理。這樣，應有助於改善目前後現代更趨於現實功利的生活環境、所出現過多的是非不明唯利是圖的情況。而且如果我們透過良知良能確信世界有絕對的眞理，則總較存信沒有絕對眞理而活著，要有意義與好些。否則，人便可借用沒有絕對眞理爲由，更放任的不須顧及眞理與不擇手段的活在可見的錯誤中，而導使人類陷入敗壞與更惡質化的生存環境，那是大家都會反對的。所以，我認爲人活著，仍應存持對絕對眞理繼續探求與有信心。否則，人的所做所爲，都在違背眞理，違背自己的良知，那人的存在，還會有什麼高的意義與價值？事實上，人基本上仍應是不能不爲眞理而活。

㈣後現代流行「沒有中心」之說

此說，在後現代生存空間特別的彰顯出來，確也有其正面的意義，但我們仍然不能不採取審愼的接納態度。的確，讓所有存在的一切，都有其自己獨立的中心，自由的存在，自由的發展，則必有其多元性的可觀的呈現；而且看來既合乎「自然」，也頗爲合理，可是仍須防範它在人類思想世界玻璃鏡房裡，正面所對住的光亮面，所難免背面暗藏著有背光的盲點——那就是所有個別的「中心」，不可能是孤立存在的，都勢必進入人類整體存在所共處的現實世界，產生互動與交合的作用與效應。此刻，如果這些個別的「只要我高興」的中心，不協調的各自膨脹，互相抵觸，甚至對抗與顚覆，又沒有原則與是非感，則導使人類所生存的無論是「經濟」、「政治」、乃至「文化」等空間，都難免出現有大家所不樂意看到的亂象甚至惡質化與價值失控的情形。因而便又不能沒有一個在最後是大家都能以良知、良能與高度的智慧來追認與盡可能接受的「中心」——那就是人類無論是從個別的那一個自我獨特的「中心」去「想」與「做」，最後都不能脫離被「人性」、「人道」與「良心」所駐防的重大「中心」。否則人類思想與作爲的價值「中心」會死亡。事實上即使是一個被判死刑的強盜殺人犯，行刑前，在神父的禱告中，都大多重返人性與良知所看守的「中心」而有悔改之心與說出懺悔的話。可見人在後現代持信「沒有中心」的思考模式，既有其正面也顯有其負面的效應時，則仍必須去把持那個無形植根在人類生命深處被「良心」與「人性」所永遠監控著的「中心」；不然亮在人類生命之屋的那盞明燈，會熄滅，生存的眞正價值，都將被埋在陰暗中，光明不起來，也不可能看見上帝與天堂。

㈤後現代流行「泛方向感、泛價値觀」之說

這種論調與說法，在思想三百六十度開放的無限視野上，「泛方向感」，確也具有其對人類生存的正面效益與意義，因它使所有的方向，全都開放給人類去思考與使用，只要人高興想往那裡去，又認爲有好的走向與走法，便就都不必擠到一個方向裡去；世界確有許多美麗迷人的方向，尤其是在詩與藝術所展開那無數的美的存在空間裡。但是「泛方向感」，仍是在無形中潛藏有其正確性的方向與目標，非像在後現代許多人只埋著頭跟著勢利的現實社會，四處奔跑，忙亂的衝刺，呼叫著「方向」與「出口」，而又大多被困在那衝不出去的封閉與迷茫的空間裡，像一群蝙蝠衝刺在一間門窗緊閉的屋裡，到處都是出不去的方向。結果是在「泛方向感」裡，條條路通羅馬，而又沒有一條路，眞的能到羅馬，有如飄泊在一個看不見岸的「泛方向」與反而對無

限自由感到恐懼的海上。於是寂寞與焦慮是人類陷在後現代「泛方向感」困境中，所呈現普遍的症狀。要解決這個困境所引發的存在盲點，便就不能不在「泛方向感」中，尋找出一個較具確定性、非游離飄忽且有根性的方向來。也就是必須確實的掌握自己生命潛在的實力先尋找出人一已存在的「主」導向，盡自己所能，而正直與有恆心、有原則的活下去，重認人生有意義的目標與方向。至於後現代流行的「泛價值觀」論調，它可說是從「泛方向感」延伸出來的觀點。我們同樣可認同它所呈現的正面意義與效益。因爲人生的確有很多不同的價值存在，等待我們去做決擇與爭取，但那都必須是認眞、嚴肅、有責任感以及經過明智的理性與良知的確認而爲，並非不擇手段或者反正都是價值，便任意到處亂抓，不管過程，只求達到目的，像後現代目前的現實社會環境與都市生活層面，所呈現的價值紊亂現象，便都可說是從「泛價值觀」的盲點暴露出來的；反正價值沒有標準，便可在「泛價值觀」的思想掩護下行動，而使人難免在面對生存利益時，往往缺乏是非感、公正與義氣，造成人存在品格的傷害，是可見的。因此我們對「泛價值觀」採取認同其正面的意義的同時，是勢必也應注意其負面對人類與社會所造成不可忽視的嚴重傷害，以維護人類健全的生存態度與正確合理的生活環境。

㈥後現代流行「沒有深度、崇高感與歷史感」之說

這種說法，我們雖可從後現代現象的生活面進行的觀察中，獲得某些事實的證明；但它畢竟不是人類所永遠持信的生存理念。因爲後現代即使在上述流行「沒有永恆」之說，以及「時間」又在後工業文明快速轉動的機械齒輪下被輾碎，再加上「多元性」思考的游離性，導致「歷史感」的斷裂不連貫甚至多少患上遺忘症是難免的。但穿越現象面向內做深入的探索時，「歷史感」仍是無法從人類生存的時空流程中根除與消失的；除非我們完全漠視與否定人類過去所有偉大的智慧與創作、所曾完成與建構的輝煌歷史文化，認爲都是已經沉淪與沒有意義的；反而覺得生命與一切的存在，那只像是喝完便丟的「舒跑」保麗龍瓶罐。可是那豈不形成對人生流露出徹底的虛無觀嗎？若這樣，到底是顯示人類思想上的睿智還是無智，便不必多說了。其實後現代說出「沒有歷史感」時，本身就存在著矛盾，因爲若沒有歷史感，「後現代」難道是從天上掉下來的嗎？尤其是當「後現代」在反抗與顚覆「現代」而存在時，便怎能同「現代」沒有「史」性的關係？是故，後現代意圖沒有「歷史感」的想法，除非全部封殺人類的「記憶」，而那畢竟是荒謬與不可能的事。

至於後現代流言人已日漸活在「沒有深度與崇高感」的情況下，我們也只能承認這是浮現在後現代生活現象面上的一個事實，但一樣不能做爲對人存在的全面性與根本性的探究的全部實據與證明。

縱然由於都市文明的快速度、行動化、物質化所形成向平面浮動、流行、淺薄、斷裂的生存現象，的確呈現後現代人已活在越來越沒有崇高感與缺乏深度的情況下。但那畢竟也潛藏著可見的盲點與不妥性。因為人的思想，只要由外在向內在探索就必有不同的「深度」出現；只要對事物與生命的存在產生敬仰之情，就會有「崇高感」的產生，那是無法排除的。而且世界上不可能只有「平面」的山腳與山腰而沒有「崇高」山頂的山；也不可能只有隨著天氣起起伏伏東飄西盪的「浪面」而沒有「深度」的海底的海。

其實當我們指說後現代生活，缺乏深度與沒有崇高感，多少是含有指控性與批判性的，我不相信當我們指說某一個人某一個作家的思想沒有「深度」與「崇高感」，會是好聽的話。的確，人類尤其是詩人藝術家追求有「深度」與「崇高感」的生命思想情境，在終極點，仍應有其被重視與肯定之處，因它對人內在生命與精神思想的活動藏有可見的提昇力與向上發展的「美」的高度。除非世界上的海沒有「深度」，山沒有「高度」。

(七)後現代流行「解構與多元性」之說

我想大家都會認同「解構與多元化」的觀念，確有其卓越的正面意義與價值——那就是它將「一」解構變成更多的「一」，多線道的展現出生命與一切事物存在（乃至詩與藝術創作）的多彩多姿與富麗的世界與景觀；這便有如將「太陽」解構，使太陽的每部份，都成爲太陽，進而構成一有新的秩序美的「太陽系」，這應是高見度、高解度與高景層的存在思想觀念，也應予肯定。但在肯定的同時，也不應忽視它可能產生的負面與盲點——那就是如果他本身根本沒有解構「太陽」的實力，他如何解構太陽？叫一個流行歌作曲家，如何去解構貝多芬與莫扎特的音樂世界。又如果他本身根本不是「太陽」，而只是一個「玻璃瓶」，那麼被解構與擊破的碎片，便不可能是發光的太陽，而必然是閃爍的玻璃碎片。這情形，影射到藝文的創作空間，便會出現流行、淺薄、粗略、陳雜、弱質化、低俗化的「地攤」型藝文景觀，是可見的。因此在「解構與多元化」的創作行動中，必須注意使多元存在的「力源」與「力道」，仍朝向有秩序、有高見度、深度、好品質與思想內涵的無形的「新」的一元發展。如此，既可堅持「解構」的品質；又可保持與不致於扼殺「主體性」而避免導使藝術世界只成爲一間美麗的「空屋」。這樣，「解構與多元化」的思維，應是可「思」與可「維」持的。

譬如在視覺藝術方面，後現代所流行的裝置藝術（INSTALLATION ART）表現，將繪畫、雕塑與建築在過去彼此孤立與明顯的分野界線「解構」掉，使三者「多元」共處在相互動的更富視覺美感的立體與具體的空間裡，拓展與創新了視覺藝術活動的空間，呈現可觀的成果。這便是「解構與多元」表現的很好例證。

至於詩，也可善用「解構與多元性」的創作理念。如詩人面對日常生活中的門，而門在習慣與封閉性的指稱中，只有木門、鐵門、鋁門或者旋轉門以及前門、後門……等。但在具有解構力與透視力的「詩眼」中，便有無數的「門」，被打開與多元的陳列出來。如詩中寫的「花朵把春天的門推開／炎陽把夏天的門推開／落葉把秋天的門推開／寒流把冬天的門推開（時間到處都是門）／鳥把天空的門推開／泉水把山林的門推開／河流把曠野的門推開／大海把天地的門推開（空間到處到是門）／海出不去／被阻住……直至穿紅衣、黑衣聖袍的神父與牧師走來／要衆人將雙掌像兩扇門（又是門）／在胸前閤上／然後叫一聲阿門（又是門）／天堂的門與所有的門／便跟著都開了……」，像這樣在詩中所使用的「解構與多元性」創作理念，竟能把看不見的時間之門、空間之門、哲學家的腦門、詩人的心門、天地的大門與上帝的天堂之門……全都被打開了，展現出詩中豐富、寬廣與可觀的多景層世界。看來，後現代的「解構與多元性」思考理念，用在詩的創作中，也是大有可爲的。

再就是解構與多元觀念運用到社會生活層面，也顯有可爲的效益。譬如在過去由於「文化」、「經濟」與「政治」的思想世界，各有不同的性格——「文化」較偏向無爲而爲（保持清高）、「經濟」較偏向圖利、「政治」較偏向權謀。如果將它們固守的獨立性格「解除（解構）」，讓「文化」具有超越性的「無爲而爲」的思想，進入「政治」強調手段與權力的「有爲而爲」的思想之中，獲得超越的存在價值觀，則便可體悟肯奈迪總統所認爲的「權力使人腐化，詩與藝術使人淨化（按：詩與藝術是文化的精神）」，而有所警惕，並很可能使從政者成爲具有良知良能與智慧的政治家，非專爲個人權勢而存在的政客；同樣的「文化」也會因有優良開放的「政治」環境，而獲得更理想的發展空間；至於從事「經濟」的商業利益者，也因有文化的素養，而可望成爲有思想境界與價值觀的企業家，打破以往一向唯利是圖的低俗化的商人性格，並在營利後有資助社會「文化」的構想。再就是「經濟」力量，也可幫助「政治」理念的落實與推展；「政治」也可使「經濟」有繁榮與進步的理想環境。於是三者在解構的「川」流與溶合中，互得其利並共同拓展、社會更美好富足以及有展望的生存空間——像這樣的「解構」與「多元」溝通的思考理念，應是有正面效應與大家都能認同與接受的。

當然這當中仍存在有盲點，如果三者在不健全的情況下解構，勢必有反效果。譬如文化人沒有文化德性，搞政治的，是政客、從事經濟商業的，沒有企業家的良心，彼此解構混在一起，利益勾結，則無論是「文化」、「政治」與「經濟」的三個存在空間，都將受到污染與傷害，是難免的；就是在傳統中一向被視爲「無爲而爲」與「清高」人格的文化人，也會受到不良的影響，像我們目前的社會。已多少浮現了這種失控的後現代「解構」與「多元呈現」的不良情形，不能不予以注意。

(八)後現代流行「詩不要意象，詩死」之說

關於這項說詞與論調，我覺得那是在暴露人存在的一個至爲不智的看法與想法。我們確定人絕不能被現代科技與都市物質文明埋在錢堆與物堆中，連同物一起推上「都市文明的貨櫃車」，送往精神空洞的廢墟，成爲一頭純感官的形而下的文明動物，使內在的形而上世界，全面關閉；同時也不能在此刻不經深思的宣說「詩不要意象與詩死」。因爲那顯然是令人疑惑與不能採信的話。因爲如果「詩」死，則人類那雙納入「肉眼」、「腦眼」與「心眼」三雙眼來看世界的「詩眼」瞎了，我們還會有什麼最美與精彩的看見？勢必失去很多可觀的世界。其實不但是文學家藝術家，乃至哲學家、科學家、政治家、宗教家都無法離絕「詩」的銳利靈敏與卓越的眼力，來探視人所面對的存在世界；我們甚至可以說科學家用物理方程式寫出了最理性的詩。同時因詩是透露與表現內在不可見的奧秘世界，不像其他文類是在論述與說明存在的一切；因此詩的活動，基本上是靠「意象」——就內在的實視世界。若說詩不要「意象」等於是要詩空著肚子，活活的餓死，或交由散文去領養。再就是由於詩與藝術內化的美感力量，引發精神的「形而上」性，已像是生命的一把可貴的神秘的梯子，可把人類被後現代機械與物質文明具強勢的「形而下」力量、推入物化的冷漠與空虛的深谷裡，拉救上來，免於陷落。此刻它對人生應的確具有正面的肯定性，怎能將「詩」與由詩

的「意象」所引發的內在「形而上」世界，不予以重視反而完全的否定呢？事實上，人是存在於可見的世界又能超越可見的存在世界而進入不可見的另一個可見的更爲無限與眞實感人的存在世界中，使人活在有更無限的美的內涵與品質裡。然而這都不能沒有「詩」與「詩的意象」的神奇力量來達成。

㈨後現代流行「文學排除主體性」之說

這種說法，雖然由於著重文學的本體性，有一些正當性的論據——爲避免文學本身的獨立性，不屈從於載「道」性的思想的制約，以便充份展現文學創作本身的具創新性的藝術遊戲規則，是有其言談空間與某些說服力的；而且大凡具有深見的詩人與文學家，都會厭惡那許多死板、呆板與刻板的「文以載道」的作品；但如果是因此完全排除文學的主體性，認爲文學只是文字的藝術遊戲，只是爲藝術而藝術的文學遊戲，那麼這種遊戲，玩得再高級，在最後也會玩疲與玩空，而發現其中好像尙缺乏了一些什麼，其實缺乏的，正就是文學生命不能不具有的「主體性」思想被排除了，使作者眞正透過語言符號所要表達做爲人存在於時空所面對存在的重大思想、與接受種種挑戰……等所表露的生命觀、宇宙觀與價值觀以及個人內心世界的特殊聲音，都凸現不出來；因而，文學被視爲感化與美化乃至轉化人類生命進入崇高的思想境界的功能，被忽略了；文學被看成維護人性免於敗壞的最後的防線被忽視了；這情形便也致使後現代所流言的「文學排除主體性」，出現有被質疑的盲點：⑴如果文學只是在「本體性」裡玩「爲藝術而藝術」的把戲，那同賣藝的有什麼不同？其實文學之所以能夠有高度與偉大的價值與意義，最後仍不能不重視其「主體性」中的偉大感人的思想，⑵在後現代，人已日漸有被科技的威勢所驅駕的物質文明與功利效應所物化與矮化，而日漸成爲內心與精神空洞的文明動物，此刻文學的「主體性」思想，非但不應排除，而且更應相對的被強調，堅持其潛移默化的啓導功能，再度認定文學有提昇人類內心與精神生活於無形中、進入美好境界的強大力量，有其深遠與永恆的價值與意義，它絕不是技巧的空殼子，它是具有永恆感與眞實性的「美」的藝術生命，而且對人類永遠有啓導作用。

綜觀上面所談的九項流行在後現代生存現象面上的具有關鍵性的話題，都可說是等著大家面對與回應的存在問題，也是我個人透過詩眼所探究到「後現代」人生命存在的一些現象與眞況及其思想活動的情境，並提出我個人對「後現代」人存在的動向、價值觀與部份創作觀所做的思辨、質疑與論斷。我們若能在探究的過程中，確實看出其中存在的正面、負面與盲點，而有所辨認與做有利的決擇與調整，我深信可因此挽救人類在世紀末後現代生存現象世界，所流失的不少寶貴的人生價值，而爲廿一世紀在極度提倡科技文明之際，同時輸送美好與豐富的精神思想資源，使人類確實活在有美的「物象」與「心象」所互動的新人文世界中。若如此，廿一世紀便將爲人類生命建造起兩座由「物質」與「精神」文明所聳立的雙星塔，在不斷的昇越中，進入「前進中的永恆」的瞭望。其實這也是文學與藝術在無限展現與開放的時空中，對一切存在於「美」中不斷進行探索的終極工作。

面對廿一世紀，詩的重認

在未來的廿一世紀，詩人無論是從田埂路、石板路、紅磚路、洋灰路、柏油路與電視網路……上路，都仍須隨身帶有深度與感人的生命與思想；不只是在路上耍文字遊戲，如果是，詩人同下棋耍把戲的有何不同呢？………（羅門）

在未來的廿一世紀，詩仍是詩，詩不可能像目前許多詩受消費文化壓制向散文投奔自由：詩人仍是用詩寫詩，用生命寫出感人的詩；不是在書本裏找一些智識與方法，放在腦裏製作成那些像標本不來電也不感人的詩。

在未來的廿一世紀，詩仍應站在「生命的螺旋塔」朝「前進中的永恆」不斷探索；不只是追逐流行的存在與變化，一窩蜂捲入「蛋塔」式的仿製風潮中；而應是站在「螺旋塔」上三百六十度不斷的向前旋轉，將同過去、現代、後現代與未來的新的現代所交感的精神與思想潛能，向前提昇與推展爲更豐實深厚的創作生命新力。

在未來的廿一世紀，詩除了用大家談得爛熟的「賦、比、興」來把詩寫出來；尙仍必須將詩根本定位在「自然的終點是詩的起點」上——那就是說第一自然山頂上的雪，與人爲第二自然冰箱裡的雪，都只是大家與其他文類直接指明的存在，不是詩；柳宗元「獨釣寒江雪」詩中的雪，因是轉化進「內心第三自然」所悟知的雪，方被看成詩，而且被看成永遠使人感悟的詩，包括哲學家在內；當然也使一千多年後教中國文學的教授當做好詩來教。如此，可見如果沒有「內心的第三自然」，詩便沒有永遠生存的空間，詩人也沒有眞正工作與上班的地方。

在未來的廿一世紀，面對高度的科技文明與新的自然觀，詩人更必須在西方較偏向理知性的腦思維世界與東方較偏向靈動性的心悟世界之間，爲詩確實建造往來暢通的「通化街」，使「知」與「感」、「物象」與「心象」通化並繼續交流交溶成有蘊涵有人文深度與感度的理想詩境。在此舉一個例子：譬如人類想跨越茫茫的時空，進入無限的生存之境，但都終歸覺得有達不到的無力感，於是令使中國古代詩人陳子昂寫下偏於「感悟」性的詩句，「前不見古人，後不見來者，念天地之悠悠，獨愴然而涕下。」以及英國當代名詩人拉肯寫下偏重於「理知」性的詩句：

「前面沒有東西
腳跨過去
後邊的門
砰然關上」

在兩位詩人之後，另一位現代詩人寫推生命之「窗」，望向無限時空寫的具「頓悟」的詩句：

猛力一推

竟被反鎖在走不出去
的透明裡

很明顯的，後者是意圖「通化」前兩者同中有異的詩思與語境推展出新的具有緣發性的「悟知」性的詩思與語境，繼續在創作中保持具有人文深度與感受的思想潛力。

在未來的廿一世紀，詩除了在舒解田園菜油燈與都市日光燈相對望的第一波鄉愁；尚要面對高科技的機器人與複製人可能使人離開自己肉體的故鄉，所引起的第二波更嚴重的鄉愁，同時詩也更被視爲同高科技推動的具壓倒性的「物化空間」對話時，始終堅持人文人本思想最有力的發言人。所以當美國總統柯林頓反對複製人，我們發現在詩人「超以物外」的內心超越世界，應是更強烈與有效的抗拒複製人的主控力。

在未來的廿一世紀，詩人無論是從田埂路、石板路、紅磚路、洋灰路、柏油路與電視網路……上路，都仍須隨身帶有深度與感人的生命與思想；不只是在路上耍文字遊戲，如果是，詩人同下棋耍把戲的有何不同呢？其實詩人是對生命與一切存在進行深入的探索與解讀，將潛藏在生命與事物深處的奧秘與「美」喚醒；因爲詩人在寫詩之前，也是人，也都必須更是一個具有敏悅思想的人，更是對人類生存所面臨的諸多重大主題——自然觀、宇宙觀、生命觀、以及死亡、戰爭、性、都市文明、自我、短暫、永恆……等進行沈思默思的人！惟有如此方能確實成爲詩世界有深厚「思想」潛力與能源的精神企業家，否則很可能都淪爲資金不足而流行於「市面」的一般攤販。

在未來的廿一世紀，詩更像是空氣，爲臺灣爲大陸爲新大陸，爲全球的人而存在；詩人不是在鳥籠與鳥店裏看鳥，詩人是在天空裏把「遠方」看成一隻自由不停地飛的鳥；尤其是後現代藝術的解構理念，它更宏觀與積極的意義，是給詩與藝術家全然的自由，打破與掙脫一切封閉狹窄的存在形態與框架，讓古今中外的生存時空、大自然田園、都市與宇宙太空的存在環境以及出現過的所有藝術主義流派與世界上所有存在的材料媒體，都可供作者者充分自由的運用，使藝術家與詩人在今後的廿一世紀，應是更切實，拿到上帝通行證與信用卡的人，爲「美」的世界更自由的工作。

至於有人認爲後現代詩向平面滑蹓，不要有深度與高度，我認爲後現代詩向平面滑蹓，仍應有深度與高度，因爲海都有深度、山都有高度，何況詩中龐大的生命建築，怎能沒有它深厚的地基與可觀的高度；同時詩是屬於一種精深、精美近乎極限藝術（MINMAL ART）的創作，看來像立體、多面交射發光的鑽石，不是平面單向發光的玻璃板。

至於在後現代，有人認爲詩已經死或會死，那都是不認識詩；也許因詩用了比不上「影像」搶眼的文字，收視率日漸低減；但詩絕不會死，除非文字與人的想像全死；何況詩（POETRY），非寫成的詩（POEM），已被視爲所有文學與其他藝術在創作時探視一切最佳的視力，如果詩死了，視力不好，還能看到什麼精彩的世界。其實詩是所有創作生命與智慧的激化力與爆發點；人類的確是活在詩的偉大的想像力中，就是偉大的科學家，他們探索進入茫茫與無限奧秘的世界，有所發現都是詩一路在他們腦的思路，不斷打出想像的光，如此，詩在人類的世界，怎能死呢？

至於在後現代，有人提出「文類解構」，我們當然不會反對在創作世界，又多出一種混合式的創作類型；但詩本身特有的優質性，仍應防避其他文類平面書寫的介入，可能幫倒忙，受到內傷，而導使像目前海內外詩壇不少詩發生畸形甚至流產的情形。

至於在後現代，詩以影像、動態、音響上電視網路，同我早在一九七一年藍星年刊論文中提出以電影鏡頭、寫詩的構想，大致相同，不同是以電影鏡頭配音寫下的詩，只能在電視機銀幕上定點發表，遠不如網路發表的面廣以及快速的擴散，達到發表的高成效；而都同是有意排除單一以文字寫詩的專利。這雖具有開拓性的創作實驗空間，但詩離開語言的主力線，滲入圖像與音響，難免被視爲多元媒體表現，即使重點放在詩，但還是出現媒體間在運作時，主力、分力與合力的調和問題，而影響詩單獨在文字中演出的原形，原體的純質與純度，多少產生一些移變乃至異化作用，因而仍存在有對話的討論空間；採取包容態度，或可爲詩的世界，保留一個有可能開發的關係創作場域。

最後我想特別說的是詩人將生命終生「投資」給詩，究竟是爲什麼？如果只回答是爲了興趣，是否太簡單化；同我在華盛頓世界文學會議聽到諾貝爾獎得主W.SOY-INKA說在廿一世紀，只有詩與藝術能確實的救助人類，以及孔子認爲詩是天地之心……等；這些話，有很大不同，我們雖同意前者，但我覺得後者更是詩人邁向廿一世紀應有的覺識與價值觀，因爲事實上，詩非但是在所有的學問（包括科學、哲學、宗教………）之外，爲人類創造了一門屬於生命的美的學問，能美化其他所有的學問，就是聖經都是詩看著寫的；同時詩的超越性，能幫助人類接近良知良能及眞正的自由與眞理；能徹底將人類從「專制的極權」與「機械的物化」，兩大鐵籠裏放出來找回人自由存在的主體性；而且我們深信世界上最美的人群社會與國家，最後是詩與藝術而非只靠機器造的；如此是否更可看出詩人寫詩對人類存在的深一層意義與永遠不可忽視的價值？

藝術家接受傳統的五種態度

——否定「傳統」，等於是砍殺人類的記憶；但緊抱住的，若不是活的「傳統」，那便可能是「傳統」的屍體。

●一些必要的說明●

(1)本文指稱的藝術家，當然也包括文學家，因他也是以文學符號創作的藝術家。

(2)當後現代現象冒出「沒有歷史感」與「否定傳統」的話語，出現盲點，人類應有所反思。本文圖跳出一般慣常對「傳統」抱持反對與保守兩極化的兩種僵硬態度，而以「詩眼」對「傳統」做多向度的觀察，辨解與重認。

(3)本文意圖將「過去」、「現在」與「未來」放在我「第三自然螺旋型世界」，於旋昇與超越中，連環成「前進中的永恆」的時空存在架構與狀態，來重新檢視「傳統」存在的勢能、價值與位置。……

(4)我從實際創作經驗中，發現到藝術家對待傳統所採取的五種不同的態度，而採取其中任何一種，都勢必影響藝術家創作生命的結構形態與存在位置及其前途。

當後現代現象出現「沒有歷史感」甚至「否定傳統」的話語時，只要大家冷靜下來想，它便的確有問題，而且是無智的想法，理由是：(1)人類在過去以高度的思想與智慧所創造的輝煌成果，其中有經不起考驗的，便成爲過去，那是事實與必然的；但有太多是在時空中具有生生不息與「前進中的永恒」的存在力量，卻的確是有形無形的內化與潛藏在人類的生命、思想與智慧中，一直有深遠的影響與感動，所以回過頭來看，千百年前的杜甫、李白、貝多芬、米開蘭基羅……，仍在歷史裡活著。(2)人類要求「存在與變化」以及不停的進步，是沒有錯的，但如果只顧「前」不顧「後」，將過去與歷史割斷，完全否定「傳統」的存在，則在思想世界的玻璃鏡房裡，只看眼前的光亮，背後便難免出現盲點：盲點(A)是放棄潛藏在「過去」深厚與有機的歷史能源，做爲有利於向前衝進的推力，那顯然是一種可見的損失；盲點(B)是如果將過去的歷史與傳統，完全予以漠視甚至否定，則任何人這一秒所做的，在下一秒便同樣地被否定，豈不造成人類無形中是活在連續消失與空無的黑洞中，成爲鐘齒與機械文明齒輪下被絞碎的生命碎片？確是可慮的。

因此，本文意圖將「過去」、「現在」與「未來」放在我「第三自然螺旋型世界」，於旋昇與超越中，連環成「前進中的永恆」的時空存在架構與狀態，來重新檢視「傳統」存在的勢能、價值與位置，看來應較具有正面的思維效應。事實上我們深信「傳統」這一具歷史性的時空存在觀念，若採取一刀兩斷的「否定」或「保守」的想法，都不太適當，確應將之放在人類創作生命多向度具包容性更廣濶的內心「第三自然」

的視野上，去進行三百六十度的審視，方能獲得較爲週全的論斷。由此也可發現過去的「傳統」，竟是所有的藝術家在創作的時空流程中，所必須面對與採取不同態度來接受的重大課題，同時也可由此進一步考察與追究出藝術家，在採取下面論述的五種接受態度中任何一種，都將凸現其不同的創作生命結構形態及其存在的位置與前途遠景。

第一種——死抱住「傳統」，把「故宮」的門關上，只看「櫥窗」內冷凍的山水，不看明天的太陽是如何將大自然不同的風景，送進人們的眼睛，管它的「抬頭望明月、低頭發生車禍」，管它的建築物圍成街口將天空與原野吃掉，人躲在冰箱裡看冰山冰水……。像這樣拒絕不同存在與變化的時空對話，採取封閉式的保守觀念來面對藝術的創作世界，顯已失去創造力，也自然喪失了做爲藝術創作者的身份。

第二種——抱住「傳統」的大包袱，走上現代藝術的高速公路，顯有可見的壓力與阻力，以及顧「前」顧「後」，缺乏衝刺、超越與突破力……等現象，因而勢必發生新不新、舊不舊與拉扯不前的尷尬創作情形，同現代藝術特別強調與重視的前衛性與創新性是顯有很大的距離與落差，也自然在藝術創作的跑程上，因步拍不一致與遲緩，而始終落後，便一直處在被淘汰的範圍內。

第三種——從「傳統」走進「現代」，「傳統」與「現代」有經過化解的相交通相脈動的可見的連線，不完全切斷「傳統」；也不是抱著「傳統」在走；而是從「傳統」走出來，走向「現代」，但仍繼續受傳統明顯與相當大的影響，形成仍含有「傳統」形質，又能展現推陳出新的現代創作形態，雖然仍難免受到「傳統」的牽制力，不能享受到全然脫離「傳統」的絕對自由，跑得特別的快速，但在「傳統」與「現代」相互動的雙軌上仍能保持中和、穩健的前進步調，顯然也是在現代藝術創作世界中可信賴與具平衡感且有展望的創作形態。

第四種：——站在「現代」眞實存在的時空環境，以全然開放的自由心靈，吸取與提昇「傳統」及「非傳統」的一切存在的有機生命質素、機能與精華，建構起能包容與觀視「現在」「過去」與「未來」的全面開放的新的視野，而盡量排除對藝術自由創作有任何有形與無形的制約力；這樣，似更有利藝術家在創作時，有更好的時機與更多的可能去創造出具突破性、新創性甚至「從未見過」的藝術奇蹟。以這樣的創作生命型構與態度來接受「傳統」，使「傳統」的牽制力盡力消滅，藝術的自由度相對加強，似乎是更符合後現代創作給於創作者更大的自由，大到可達到我過去一再說的：「眞正的藝術家，能拿到上帝的通行證與信用卡」，去自由進入無限的世界，來爲「美」工作，這也正是藝術原本的企求與終極的目的。

第五種——只抓住「現在」存在與變化的過程，及目前流行的新奇，使過去的「傳統」與「現代」之間沒有必要的接合點，甚至斷層，至於「未來」的一切，只要它來，便跟著就變就新，可謂是不停的標新立異，見到「傳統」就反，缺乏歷史感缺乏思想根性與深度，一路擁抱流行、追逐新潮熱浪，存在於飄浮沒有岸、射耙沒有耙心的世界裡，將動變的現象，錯看成本質的存在，以外顯的相連閃爍，引起大衆驚視，那只是一連串很快死在光速中的煙火，那只是燦亮在「地攤文化」裡，沒有眞正質感的假寶石，不是亮起藝術豪華之宮的「鑽石」燈。的確進一步往內看，很明顯的第四與第五種態度，雖都分別從「傳統」的制約力中，取回創作的全部自由，但創作的精神思想與藝術的美學觀點……等的存在層面，都非常不同，當然創作的內涵世界與結果，也大不相同。像這樣，都各有其「存在的必要」但完全不同的存在，便的確像是嘩衆的「流行」歌曲，同貝多芬莫扎特等人創造出「永恒」之聲的交響樂，存在於完全不同的世界中。

綜觀上述有關藝術家接受「傳統」的五種態度，可見第三種相當值得關注；第四種則更爲理想值得重視，因它吸取「傳統」精華，卻不受「傳統」絲毫牽制的痕跡，而持有更自由開放的創作思維空間，去充分且確實的面對無限與「前進中的永恒」的創作世界。

至於第一與第五種分別在「保守」與「否定」兩極化的偏執中，均出現盲點與狀況；第二種因仍處在新舊化解不開的僵局中，展不開來，面臨停擺，是可見的，如此看來，接受「傳統」的五種態度，便也無形中成爲對照藝術家不同創作生命形態與世界的五面鏡子。

漫談中國詩與西方現代視覺藝術的關聯性

——兼談中國詩的某些卓越性

首先我想對寫這篇文章，做一些小小的說明——當詩被視爲語言的藝術，而藝術是具有世界性的，於是我便企圖以西方現代藝術的某些相關創作表現與作品的潛在精神特質，來觀照其同中國詩的藝術創作之間所出現的關聯性。

由於詩人與藝術家的心象世界是相通的，因此藝術與詩在創作上，必有彼此相映照與相呼應的地方。如抽象表現主義（Abstract expressionism）畫家都贊同：「自然的終點是藝術的起點；我們畫不過自然的本身，但可表現自然。」又如蒙特里安（Mondrian. A）說：「不往窗外看，用抽象的理念來組合它，這就是絕對的抽象表現。」……這些創作看法，雖不完全同詩人在採取內在視力所探索的心象世界一致，但彼此奔向內在無限性與深廣度的精神境域，確是相近似的。再說，目前所流行的新寫實（NEW REALISM）畫派理論家史丹特（R. G. Dienst）強調「新寫實的內涵，比自然主義更豐富」，以及凡茲霍爾（Frazroh）更認爲「新寫實是奇特的（魔術的）寫實主義」，這同詩人逼近現實層面趨向的即物表現，在創作意念上，多半也是有共通之處的；又如目前後現代所普遍流行的「拚湊」藝術（Collage Art），同詩中運用多元意象的拼合表現，也是有共同性的——像古詩中的「枯藤／老樹／昏鴨／小橋／流水／人家……」不但早就運用了拼湊藝術（Collage Art）的手法，而且也運用了電影上蒙太奇的手法；此外像超現實（SURREALISM）畫家達到，把手錶畫成流體（因時間是流動的），把手錶也畫在似手的樹枝上（因樹也在時間中成長）——這種在有意識的錯覺中，所突顯的更爲驚異的眞實（見附圖一），同古詩寫「黃河之水天上來」、「人在橋上走／橋流水不流」等超現實表現的詩，也是有相互映之處的；再就是像西方以幾何圖形所表現的視覺藝術與立體主義（CUBISM）觀念，中國古詩在很早就已表現過，如「大漠孤烟直／長河落日圓」詩中的藝術造形世界（見圖二）

圖一　達利（S. DALI）
超現實（SURREALISM）

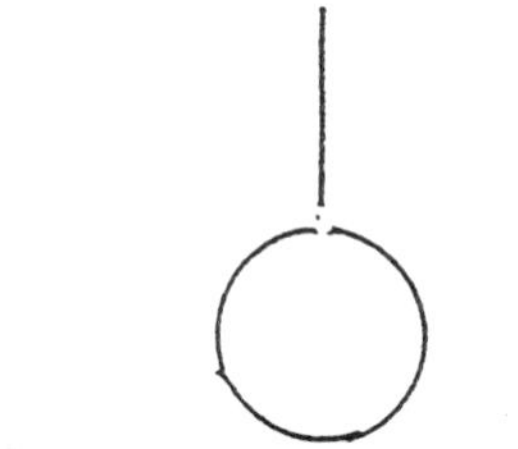

圖二　幾何圖形：大漠孤烟直
長河落日圓

除了上述的那些相關性之外，更發現中國詩與西方現代藝術作品，有一層至爲奇妙的關係。當然這種關係，是經過我特別安排與設計，將它們拉在一起的。那就是詩語言的品質，可試用我下面所提出的五個屬於藝術美學觀點上的「質點」來查驗與做決定。這五個「質點」，便是從當代國際上五位藝術大師創作中較特殊不凡的「卓越點」，提取出來，做爲觀照的。

⑴第一個「質點」是現代西方藝術大師畢卡索（Picasso, Pablo）的「空間掃描」與「立體表現」觀念（見圖三）。它使世界由封閉的體積，展現成透明體，獲得廣闊的視野，隨著三六〇度移動的觀點，而建立起多向性、多層面的立體美感空間。詩語言的活動，若能通過這個「質點」，必能產生更富足的內涵力，而排除其平面性與淺薄感。像杜甫的「高枕遠江聲」，便是能經過這一個「質點」。因其詩的語言中，用上「遠」字這個精彩與卓越無比的動詞，便呈現出「江流的距離感」、「景物的移動感」、以及「作者那閒適、淡遠與懷想冥想的心態」等三方面相交疊的立體美感狀況，使詩語言所展示的容涵與能力，便因此豐美與碩大。至於詩人張說寫的「高枕聽江聲」，因是平面單向的抒述，顯得平白膚淺，便不經過這個「質點」。當然詩語言經過第一個「質點」，獲得多層面以及豐富開闊的蘊合之後，尙須經過精密的壓緒與凝聚，使其獲得密度與質感，於是要再經過下面的第二個

圖三　畢卡索（Picasso, Pablo）三六〇度移動視點，立體主義（CUBISM）

「質點」。

(2)第二個「質點」是現代西方藝術雕塑大師加克美蒂（Giacometil, Alberto）作品中所表現的「壓縮、凝聚」形成的「冷歛美」（見圖四）。它使詩語言在活動中，獲得可靠的強度密度與質感，排除語言虛弱與鬆懈的現象。在這方面，杜甫的「高枕遠江聲」，因「遠」字顯已通過第二個「質點」；張說寫的「高枕聽江聲」則沒有完全通過，因未做深一層的透視與交融，「聽」字缺乏思想回拆的深度與韌力。詩語言通過第二個「質點」，尚須使其經由壓縮得來的眞實的質感，再次提升，以達到精純感。於是還必須通過第三個「質點」。

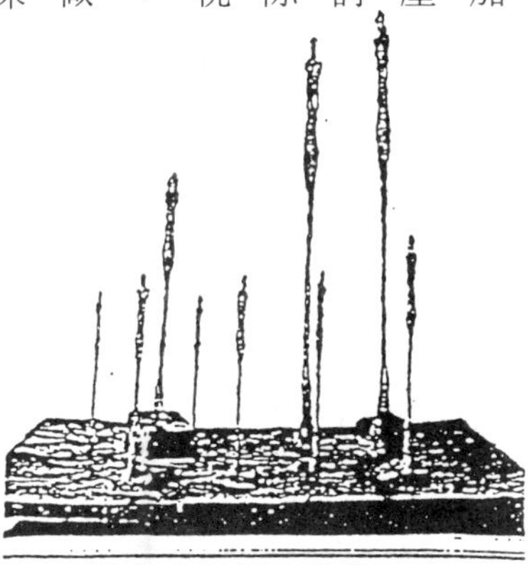

圖四：雕塑大師傑克美蒂(Giacometil, Alberto)壓縮、凝聚、冷歛、強度與質感

(3)第三個「質點」是現代西方藝術雕塑大師布朗庫斯（Brancusi C.）作品中透過抽象過程所提升的「單純美」（見圖五）。它使詩語言在活動中，呈現明澈的精純感與水晶般的潔度，像玉中之璞。排除語言的粗略與平庸性。很明顯的，杜甫那句詩已通過第三個「質點」；張說則沒有確實通過。因杜甫那句詩的詩思是眞正把握到豐富的

圖五　雕塑大師布朗庫斯（Brancusi C.）抽象提升精純感與單純性

「單純性」；張說那句詩的詩思抓住的只是平面的「單薄性」。詩的語言通過第三個「質點」，尚須使其精純的質感，進而獲得活動幽美的形態，於是又必須通過第四個「質點」。

(4)第四個「質點」，是西方現代藝術抽象大師康丁斯基（Kandinsky, Wassily）作品中，所呈露的「律動美」（見圖六），它使詩語言在活動中獲得優美的音韻與音樂的節奏感，排除詩呆板與僵硬的現象。很明顯的，上面所舉杜甫與張說的那句詩中，雖都通過第四個「質點」，但畢竟杜甫語言「律動美」，是美在較高的語言意涵與詩思層面上，故較張說爲佳。詩的語言通過第四個「質點」，尚須使之整體地臻至完妥與圓滿之境。於是在最後還須通過第五個「質點」。

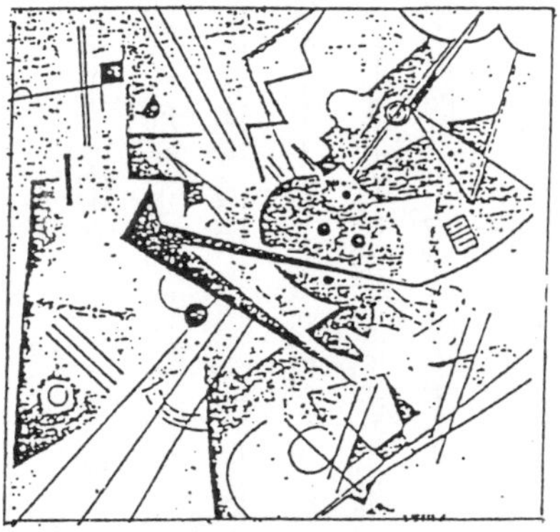

圖六　抽象藝術大師康丁斯基
(Kandinsky, Wassily)
音樂的節奏感與律動美

(5)第五個「質點」是雕塑大師康利摩爾（Moore, H.）作品中的「圓渾感與飽和感」（見圖七）；它使詩語言呈現出圓融的渾然之體與完整的穩妥之態，排除語言有瑣碎破損之處。依此，杜甫的「高枕遠江聲」與張說的「高枕聽江聲」，雖都同樣通過第五個「質點」，但仍因杜甫詩語言的意涵與詩思絕佳而「高」，故相比較，張說便不能不「低」了。

從以上源自現代西方藝術大師創作的多種思維特殊質點，用以對照與審視中國詩語言的活動空間、性能與意涵，是的確可看出中國詩語言已達到精純、精粹、精巧、精深、精美的極致表現與高質感的位階。並給詩語言所特別重視的內延性與內化力，樹立下不能不遵從的指標；否則詩的語言便不能進入詩所強調的「立體」甚至無限的「N度」思想空間去作業，反而導使詩創作失去心境與藝術所必要的內省與轉化作用，被迫向散文世界逃奔自由，詩語言便大多陷在平白、平淡缺乏象徵與影射內涵的氣氛中，淪落與受困在張說「高枕聽江聲」型的平面直抒的淺顯狀況裡，達不到大詩人杜甫「高枕遠江聲」型詩語言的深層的豐盈境域與效果，難免喪失中國詩自古以來稱著世界的優異性。而這種具有啓導性與影響力的「優越性」，已事實上對目前的消費文化帶來似是而非的流行論調——認爲詩不必有思想深度與精神境界，是有絕對端正作用與扭轉力的，並能阻止過去尤其是目前不少現代詩進入非詩的危機狀態。要不是有這樣的看法，我們便無法看出「他孤孤單單一個人在走，多麼的孤獨啊」與「他帶著自己的影子／向自己的鞋聲走去」這兩個詩例在表現的詩質效果與藝術層面有何不同以及詩與非詩之分。

圖七
雕塑大師康利摩爾（Moore, H.）
圓融、飽和、完整的穩妥

事實上，中國詩語言在採取上述的西方藝術大師作品中所呈現的五個特殊不同的「質點」，進行抽樣的透視與檢驗所突顯的具有創作指標作用的傑出性與優越性，已無形中給中國詩人（乃至世界所有的詩人）在進入詩語言深層世界與奧境探索時顯已提供最佳且永遠的啓發、提示、影響與效益，是可見的。

譬如在「高枕遠江聲」的「遠」字，在詩境中所展現的詩思與動感空間，是深廣且向內無限地延展的，它也無形中在監視與衡量著過去與現代詩人在驅駕語言的能力。所以現代詩人也會因此去做深一層的探究並體察到——在詩中用眼睛來「看」的視感空間，是直面與平面的，讓眼睛來「讀」的視感空間，是多面與立體的，使眼睛「跪下來看」的視感空間，是流露著神秘感與膜拜情懷地向渾化的N度視感空間展開的——因而發現詩中三種不同的語言「動」力所引發三種不同的視感空間與詩思，是顯然有不同的滿意度與差異性之分，便自然覺識與發現其中較精彩與卓越的詩語言表現動向與訊號，而自然對詩語言世界做更佳的探索。

談到此，我必須回過頭來說明一下，我認圖以上面五個（有序地串聯成整體功能的）「質點」，做爲查驗語言意涵結構形體的基本能力，是因爲詩的工作能，幾乎全偏重於詩語言的工作能，而這五個源自當代國際五位大師創作所呈現的卓越的「質點」，經從上面所做的實證，似已能查證出詩語言優劣的品質。此刻如果有人認爲詩的「語言能力」，是存在於整首詩的交合作用中，我不會反對。但我仍然要從「整體性」的結構中，追入「局部性」的單元結構中，去查證每部分交出的「承受力」——那就是構成整首詩的每句詩的潛在功能與實力，都可用上述的五個「質點」找出，否則我們又同樣不會深入且徹底地檢驗與看出「葉子在風中飄落」與「落葉是風的椅子」這兩個詩例究竟誰能透過詩而將埋在事物深處的奧秘的「美」喚醒；誰是將語言在平面上書寫成平淡的散文，誰是將語言在經過想像所營造具有象徵性的立體與開放的**N**度空間中書寫成微妙的詩；究竟誰是詩或非詩。

接著來看中國詩在意象世界的取鏡，我們發現它遠在古代早已採取現代藝術電影中所使用的各種拍攝鏡頭手法，例如採取：

(1)以景顯境的「對照」鏡頭——像中國古詩的「千山鳥飛絕／萬徑人踪滅」，是以物景表現孤寂荒涼之境。如現代詩的「樓梯口一雙鞋／天窗外一朵雲」，是以物景表現生命在世上流浪的飄忽之境。

(2)心境的「直敍（直拍）」鏡頭——像中國古詩的「前不見古人／後不見來者／念天地之悠悠／獨愴然而涕下」，是直敍一己的心境。如現代詩的「你隨天空闊過去／帶遙遠入寧靜」，也是直敍一己的心境。

(3)情景與物景的「交映（交射）」鏡頭——像中國古詩的「浮雲遊子意／落日故人情」，是浮雲與遊子意、落日與故人情相交視交映。如現代詩的「遙望較烟雲遠／車窗是離家的眼睛」，是遙遙與烟雲，車窗與眼睛相交視交映。

(4)人與物的「相反映」(反照)鏡頭——像中國古詩中「卷簾望月空長嘆/美人如花隔雲端」,是「簾外月」與「花(美人)隔雲端」的相反映。如現代詩「踩在腳下的地毯/它該是那一種鄉土」,是都市「地毯」與田園「鄉土」的相反映。

(5)多元發展,同時並行「向中心迫進」鏡頭——像中國古詩「枯藤/老樹/昏鴉/小橋/流水/人家/古道/西風/瘦馬/夕陽西下/斷腸人在天涯」。是使所有的景逐次迫入最後的中心指向——「斷腸人在天涯」的情境。如現代詩的「房屋急急讓開林野/林野漸漸讓開遠山/遠山慢慢讓開烟雲/烟雲卻不知往那裡讓」也是使所有的景逐次迫入最後的中心指向——人存在的迷茫悵惘之思。

(6)存在景物的「遠近推拉(伸縮)」鏡頭——像中國古詩「姑蘇城外寒山寺/夜半鐘聲到客船」,是「寒山寺」遠景與「到客船」近景的推拉鏡表現。如現代詩「他帶著自己的影子在走/一顆星也在很遠很遠裡帶著天空在走」,是「影子」近景與「星」遠景的推拉鏡表現,使時空在詩中產生美的換位與視境。

(7)跨越視境的「跳躍」鏡頭——像中國古詩「白日依山盡/黃河入海流」是從「白日」時間性跳到「黃河」空間性。如現代詩「短裙飛來隻隻鳥/長裙飄來朵朵雲/腰不扭動河會死/胸不挺高山會崩」,這些句法,看來更具視覺與聽覺的跳動感。

(8)物景與情景一同隱進遠距離中的「淡出(消隱)」鏡頭——像中國古詩「孤帆遠影碧空盡/唯見長江天際流」;如現代詩「凝望溶入山水/山水化爲烟雲/烟雲便

不能不了／事情總是這樣了的」。讀來都令人感到無論是物景與心境都在緩緩的消隱中。

⑼景物迫近性帶來巨大衝擊壓力的「濃入（併吞）」鏡頭——像中國古詩「黃河之水天上來」；如現代詩「摩托車把整條街揮過來」。

⑽詩境全面展現的「緣發」鏡頭——像中國古詩「幽然見南山」、「山色有無中」，是直觀直悟具緣發性的全面呈現；如現代詩中「一呼吸／花紅葉綠／天藍山青」，也是緣自近景、高景與遠景三六〇度全面性的觸動與脈動。

從以上舉證中國詩意象世界取鏡的抽樣詩例中，可見中國詩在藝術技巧上的表現，是一直在無形中運用西方現代藝術——「電影」所採取的各種具有新穎性與精彩度的取鏡技法，以展現詩創作中優質化的藝術性。

再就是當我們確認詩能以最快的速度，進入一切存在的「美」的核心，並又將一切快速的推上「美」的巔峰世界，則中國詩中的「悠悠見南山」、「山色有無中」、「黃河之水天上來」、「相思黃葉落」、「獨釣寒江雪」、「萬徑人踪滅」……等這些具緣發性、且快速透過直觀直悟便直進渾然的N度感知之境的詩例，應是很好與有力的示範。此刻若將上述這些緣自直感、快速「直達」心境的詩，看成中途不停的「直達車」；則獲諾貝爾獎的西方詩人T.S艾略特寫的「黃昏是打麻醉劑睡在病床上的病人……」這樣將黃昏情景擬人化得如此精彩的詩，卻因是經過經驗與知識的一層層追認與分析而成，便也像是中途設站的「慢車」……。可見中國詩的通化力與直覺直悟性是具優勢的，而這種卓越的表現，並同時在一千年前，早就在藝術的美學理念中，同當今西方藝術思潮方喊出來的極簡藝術（MINIMAL ART）（見圖八）接上線，可見中國詩早就能以極精簡（極簡）的語言媒體去營造那近乎大而無外、小而無內的無限詩境，同西方現代藝術流派中的極簡藝術於無形中有著預想不到的牽動。同時也因此可見詩與藝術的創作，是潛藏有「共見」與必要的世界觀，並且通過這樣全然開放的各種藝術觀點，終於使中國詩在經得起藝術的驗證與事實上獲得國際詩界行家的佳評，都普遍認爲中國是詩的民族，也都認爲中國詩語言的意涵韻味以及詩境的淵博深遠，是世界第一流的，而且無論是東方國家，乃至西方國家都是在理解之後給予高度的肯定與讚譽，就是被歷史指稱曾是艾略特老師的美國大詩人龐德，都同中國詩結上不解之緣，有受中國詩影響的地方；這同時也特別顯示出詩在文類中，被指認是以文字媒體所從事的一種屬於極簡（MINIMAL）的藝術表現，如此，則中國詩語言過去所呈現的精純、精細、精粹、精巧、精深、精美與偏向極簡（MINI-MAL）與精簡……等優良的有機傳統，便正是使中國詩在實踐詩是文字的極簡（MANIMAL）藝術表現的這項美學理念，做出了切實與傑出的表現與成效，值得中國詩人乃至世界所有的詩人，在今後都不能不予以繼續的重視。因爲詩非散文，必須以

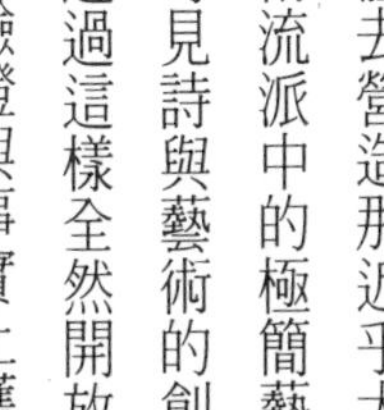

圖八
極簡藝術（MINMAL ART）精簡、精純

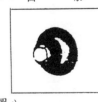

「精簡」的極少量的文字媒體來表現無限大的世界，所以詩勢必透過意象，採取象徵的暗示性、超現實的緣發與頓悟性，來維持「詩」的生命，以免淪爲平面說明的散文，並且事實上，意象、象徵與超現實的藝術運作力，已等於是推動詩活動中的生命力——而這些形成詩生命活動力的所謂意象，象徵與超現實的藝術力源，遠在古代千年前的中國古典詩中，便是資源豐富，甲詩的天下，而且源遠流長，發揮淋漓盡致，千變萬化的功能，影響深遠；迄今當詩在目前已大多有離開詩自己位置向散文平面世界滑落，形成詩的危機之際，更應該站在詩創作著重極簡（MINIMAL）藝術觀念的基點上，用中國古詩特別富有的「意象」、「象徵」與「超現實」等藝術表現技巧，在詩中所分別展放的強大創作潛力，來予以挽救，並確實建構詩眞正與高品質的創作世界。

最後更來談談後現代（POST MODERN）經由多元解構觀念、嗣在創作中採取拼湊（COLLAGE）的藝術手法，像後現代建築，將過去現代建築形體解構，以田園的紅磚綠瓦、歐洲的欄干、羅馬的圓頂，以及古代的窗檯……等拼湊進去，形成後現代建築新的造型與景觀；由此更導使後現代藝術中的裝置藝術（INSTALLATION ART）成爲創作的主流。由於裝置藝術採取更多元的生活化的材質以及具創作上更大的包容性與自由性，足以吸引與滿足創作者的自由意願，同時也是符合後現代新人類的思維模式——「只要我喜歡，便儘量自由去做」，但這中間，確可能出現有粗糙不美甚至低俗化、劣質化的不良現象與盲點；那就是後現代建築如果於多元解構觀念中，將許多不經檢驗的材質胡亂的拼湊（COLLAGE）與堆擠在一起，又不採取環境藝術（ENVIRONMENTS ART）理念中所特別強調美的「整體性」存在的有機互動，則勢必帶來斷裂散亂而非全面「通化」的完善的美的存在。同樣的，也難免反映到詩的創作方面，像目前不少所謂的後現代詩，便普遍的因過度的自由放任，進行顛覆、解構、多元發展與拼湊……等，在詩中所呈現的堆積、紛陳、不連貫性，甚至不知所云，又缺乏詩質詩意，給閱讀帶來困難、反感與一片埋怨聲，這便正是未確實善用後現代本來對藝術創作有正面影響的拼湊（COLLAGE）技巧與再加以環境藝術（ENVIRONMENT ART）做全面的檢視所致。說到此，我們將鏡頭轉到古詩人馬致遠寫的「枯藤／老樹／昏鴨／小橋／流水／人家／古道／西風／瘦馬／夕陽西下／斷腸人在天涯／」，便會驚異古詩人早已成功的用上拼湊（COLLAGE）與環境藝術（EVIRONMENT ART）的後現代藝術創作技巧，甚至是有好的典範作用。

從以上多項分別的論述中，可見中國詩與西方現代視覺藝術是有某些可見的關聯；同時也說明，詩與其他藝術不但在創作技巧大多有共通性，而且也含有世界性與世界觀的理念。

重認創作的大衆化與明朗化

——在後現代，再度要求創作心靈的深度，是因爲自然界的溪流與河流，在最後都想看到海的深度。（羅門）

在目前，關於詩的「明朗化」與「大衆化」，仍一直有人在談論，仍有正反的看法；有人覺得詩不「明朗」，不「大衆化」，詩會遠離讀者大衆，詩會死；再加上「後現代」都市高度物質文明的生活環境，人被困在高速與行動化以及偏向感官性的存在情況中，便自然流行著文學不必有思想與精神深度的說法，給「明朗化」與「大衆化」的論點，在現實面上，便獲得更多正當性與支持度。此刻，好像誰要是再去表現個人特殊自我經驗與深遠意境的詩思，都有被推入「象牙塔」裡去的可能。這件事，因關係到整個人類存在的內心世界與未來精神文明的發展，的確需要更大的心智來做深一層的探討。

我認爲詩與藝術（其實詩也是語言的藝術），是給人類生命與萬物存在以「美」的形態與內涵的一種力量，它是將埋在生命與事物深處的「美」喚醒；如果有人將它表現的可見性，放在表象的「明朗」度上，將它的「用」性，只放在現實性的「用」

與放在「大衆化」的心靈活動的層次上，那我們必須說，他對詩與藝術以及人類內心活動的全面認識與探求，是不夠深入與澈底的，因爲：

(一)詩與藝術在根本上，絕非對「大衆」都能看得到的現實世界的複寫，如果是去複寫，則事物與生命本身的存在，已能完全的予以說明，就不必有詩與藝術了。

(二)詩與藝術事實上是轉化「現實」的情境，成爲內在含有思想形而上性的更深廣與無限的精神存在情境，因而詩與藝術方表現出它超越性與偉大的「美」的力量，進而在人類生命世界凸現它高超與永恒存在的價值。

(三)誰會愚蠢到將貝多芬與王維的絕非「大衆化」與絕非一般人所認爲的「明朗化」的詩境與樂境否定掉，不特別予以珍視？其實否定，豈不等於是銷毀人類內心世界中一部分優越無比、珍貴無比的資產嗎？

(四)「美」在高層次與高質感的詩與藝術中，如果也要求「明朗」，那應是屬於有立體感、深厚度的「鑽石」型的明朗，而非呈現淺薄與平面感的「玻璃」式的明朗。兩種不同的「明朗」，使「大衆化」與「非大衆化」的詩與藝術，便也自然分明出不同的存在層次。當詩與藝術被看成「山」的生命結構，則不斷向上昇越的詩創作者，他便不可能只留在「大衆」的「能見度」裡來看山部分的存在，而是必須以「高視力」，從山腳、山腰一直往山頂看到整座「山」實體實質的存在世界。

也許因陷在一個宿命性的存在事實中，覺得無法使大衆都能接受屬於高層與深層精神活動境界的作品，而必須提出「明朗化」與「大衆化」，看來是有某些理由與可以同意的；但這種似是又非的論調，仍存在著值得注意的問題：

(1)當我們提倡「大衆化」與「明朗化」，如果無形中將貝多芬、杜甫、李白、柳宗元……等在人類心靈世界中所創作的那些卓越非凡與不是一般人都能接受的永垂不朽的作品，斷絕與排除，那豈不是割斷了人類精神文明向「美」的巓峯世界發展的最優越的昇力？這情形，已近乎是當大衆只有能力購買「啤酒」，我們便將「白蘭地」酒廠，全部關掉，的確是無智的。

(2)站在「人」存在的水平基線上，誰說大多數爲生活勞苦的平民大衆，是命定的永遠無法享受高藝術水準的作品，而只能啃那些粗淺的實用性的東西，我不能苟同這種看似人道但潛伏著不人道因素的論調；我反而覺得當地球上還有那麼多人聽不懂貝多芬的音樂，看不懂杜甫、李白的詩，是一同生存在地球上的人類，大家都感到遺憾與不體面的事，應盡力改變這種情況，我們深信任何人都有絕對的自由與權利，來接受美好與高質感的詩與藝術，去提昇自我生命與精神存在的內涵力。我們的「大衆」中，就有當過三等兵與做過苦力的，他們爲何不但能同樣的進入高層次的精神活動的樂境與詩境去看「人」與「世界」；而且還是從事創作、有思想深度（非一般所謂的「大衆化」與「明朗化」）的詩人。

(3)眞正好的詩與藝術，既是深入一切存在的眞境、純境與深境去將高質感的「美」

喚醒，在過程中，它雖介入現實，也會影響甚至提昇現實趨向存在的佳境，但這絕不像一般大衆心目中所要求的現實上的實用性，若是那樣，則解決現實世界的立即問題，倒不如「政治人物」與「糧食局、財政部」來得更實際與有效了，事實上，詩與藝術是屬於那種具有超越現實，而引發內心對「美」的生命存在做無限追索的力量；它是在各種的智識與學問之外，爲人類創造一門具有智慧與精神思想「深度」的「美」的生命學問。如此，在詩與藝術中，提倡「大衆化」與「明朗化」的同時，會不會使人類靈視與靈聽的「無限」世界縮水，侷限在「有限」的可見中，這的確是不能不顧及與注意的地方。

⑷即使爲了詩與藝術的推廣，提出「大衆化」與「明朗化」的訴求，也有其必要性，尤其是當後現代以「物象」、「影像」，以及「高速的行動化」，使大家向內在探視「深度」存在的意念與時機，都大大減少，這種訴求，便隨著浮面的消費文化，更獲得務實與適當性的立足點，形成相當大的聲勢，但我們仍應做深一層的思索與探究，而看出其中的問題—那就是當我們對詩與藝術，有必要提出「大衆化」與「明朗化」，像是有必要提出詩與藝術的「全民體育」時，怎能隨便停止詩人與藝術家以全生命卓越非凡的思想體能，在世人與歷史注目的「奧林匹克運動場」所做的傑出甚至接近完美與永恒的表現!?

由此可見在談詩（與藝術）的「大衆化」與「明朗化，確應做愼重與深一層的探究與判視，否則我們會只能看見「花」在開的一般表象世界；而無法深一層看見大自然用「花」之手推開天空與大地令人震撼的奇特世界；只能聽見滿足官能世界快感的流行歌，而聽不見貝多芬與莫札特的音樂——是如何帶著人類的心靈與宇宙萬物昇越到「美」的巔峯世界；只能看見綜藝節目那種跳來跳去、連一條水溝都跳不過去的舞，而看不見舞蹈家跳起來時，腳下竟是千山萬水，讓天空海洋、樹林曠野與風雲鳥都跟著飛。既是如此，則「大衆化」與「明朗化」在詩（與藝術）中，被界定的使用區與功能性，已是很明顯的在理性的透視與追究中，有了實質的定位與分際，它也事實上是的確不能同非「大衆化」與非一般人習慣上看得見的「明朗化」的優異創作，放在一起，來相提並論的。

最後我的結論是高水準與高品質的詩（與藝術）作品，將永遠是由有思想深度的「精英」作家而非由一般「大衆化」的作家來創造的；同樣的，沒有深度的「明朗」，能看到的，必定是淺薄、普通與平面而非深厚、特殊與立體的詩世界。

在詩的沉思默想中探視「前進中的永恒」世界

「永恒」在後現代都市人死追著金錢、疲累口渴的時候，眞的是較一杯可口可樂與喝完便丟的「舒跑」還不如……

當尼采宣告「上帝已死」，唯一能代表「永恒」存在的上帝既死，則「永恒」便也跟著死而不存在了，那裡還會有什麼「前進中的永恒」!?

的確，由於人短短的一生，再努力與拚命，再有輝煌的成就，也一樣要過去，在茫茫的時空中，人的確是很脆弱的，經不起年月的襲擊，慘敗的情形，可從躺在加護病房用氧氣管同生命在最後說再見的一張張暗淡的面上看到，即使人死後，像我曾一再在其他文章中說過的，尙可設想從銅像、紀念館、百科全書乃至天堂裡復活過來，但再想一下，他死後，連太陽從那裡升起來，他都搞不清楚了；於是，那些含有「永恒」性的紀念物，又變成了什麼呢？答案在活著的人迷惘的眼中，仍存著問號？像這樣，「永恒」在後現代都市人死追著金錢、疲累口渴的時刻，眞的是較一杯可口可樂與喝完便丟的「舒跑」還不如，他們在出奇的焦急、焦灼與焦慮的生存壓力下，渴望的是在這一秒最好整個如意的世界，都掉進他的口袋裡去；如果有「永恒」，這一秒才是他的「永恒」。「永恒」既不是上帝的私產，也不是贈給死亡戴上的冠冕；的確要叫在後現代的都市人說有「永恒」，倒不如要大家說那追著都市物質文明與金錢滿街跑的無數腳印，是風中的落葉；「永恒」在那？當後現代都市，像一輛巨大的「貨櫃車」，人與物一同擠上車，開往物慾與性慾的文明動物區，急馳的「輪子」，是帶著眼珠轉的「銀圓」，如果也往「天堂」那便是像煙火一亮即暗的「短暫」的天堂，是用錢造的；根本就不認識「永恒」這兩個字。

可是，如果人類都眞的活在根本沒有「永恒」感的情形下，那麼所有的存在，都只是預見中的「消失」，都是空的；豈不使人深深的陷入無限的空無與絕望中，因此，又不能不反思，而在閉目之前，必須盡量感覺與覺識自己的生命仍活著，仍希求從空無與死亡，無望的深淵中，走出來，發現生命與整個時空，仍在「前進中的永恒」行進，於是，似乎又聽見存在的一些永恒的回音，並隨著世界上那許許多多永恒不朽的作品，所不斷舒放出的那些美而永遠感人的生命力與智慧的光，而發現在人類世界確仍潛藏有一種「死不了」的精神力量與生命能源，在時空中成爲一種「前進中的永恒」的存在。如果人活著，對「永恒」能有這樣的體認覺悟與寄望，總是較抱持空無與絕望活著，將生命相連被絞成鐘錶與機械齒輪下的存在碎片，要好些與有深一層的生存意義與價值，因而也可進一步認清藝術與詩的創作世界，眞不該只止於一窩蜂追逐流行一時的存在形態，更應朝向「前進中的永恒」之境。

寫到這裡，夜已經很深，臺北市所有建築物都幾乎關門睡覺，世界靜得像在書桌旁沉思了四十多年的歲月，想到自己與蓉子幾十年來在「燈屋」裡幾乎是把一生都交給詩，再想起三十多年前寫的「第九日的底流」與「死亡之塔」……等這些在心靈深處對生命探索與沉思默想的長詩，也都是在這樣沉靜的夜裡下筆的，這些情景，雖可讓「回憶」將它找回來，但時間是永不回來了，面對茫茫的時空，望著放在書桌上張艾弓因研究我獲得學位所寫的那本「羅門論」與才華超凡的詩人林燿德因研究我所寫的另一本「羅門論」與他的信，由於這兩本書都是因他們讀了我三十多年前寫的「第九日的底流」、「死亡之塔」與「麥堅利堡」……等詩，內心有所感動激發而寫的。這可否也是在說這些作品經過三十多年漫長的時空歲月，仍存在著一些確實「死不了」的東西，能穿越時空，成爲「前進中的永恒」的存在？想到此，我順手翻開張艾弓在「羅門論」中評「第九日的底流」那首詩，開頭寫的那段話：

> 詩人羅門的〈第九日的底流〉是一首關於藝術——救拯、時空——悲劇的長詩，它的發表距今已三十六年。在這三十六年後的今天，大家對藝術的地位和價值仍是搖擺不定；儘管人類的觸角都伸到了星際空間，可是時空對人類的鎖閉依然故我；死亡也同樣在展示著它恐怖與親和的兩副面孔，人類未得成功地逃離時空的圍困和死亡的陰影，〈第九日的底流〉卻成功了；詩與藝術那面神聖的大旗，三十六年來始終飄蕩在最高處，衝出時空的層層合圍和死亡的威逼而呈

現在這三十六年後的視野中，依舊動人、撼人、感人。

接著重讀林燿德寫給我相關的信

羅門大師：

這幾天讀您「第九日的底流」、「死亡之塔」諸詩，幾可背誦，內心受到的撞擊實在不可言說，以往讀這些作品感受並未如此之深，可見您的作品是一種向世界與人類生命內在本質的無限性層遞突穿的「生命體」，他們得自您的能量是永遠不會消滅的，所有的讀者也基於自我的能力，而在作品間，找到自己存在的位置。

我深深地被您的詩作所感動，所震懾了……

一九八五、十、廿一日夜晚　燿德

此刻我內心的確感到一種來自存在相互的脈動與呼應；也聽見一個來自茫茫時空的回音，似乎是在隱隱約約中傳來生命存在於「前進中的永恆」的信息；同時也因而體悟詩與藝術創作對生命與一切存在探索的深層意義與永恆的價值。

孤寂中的回響

——一條向內的引爆線

回顧四十多年來，在詩創作的心靈歷程中，總覺得透過詩向人類內在生命深層世界探索與超越的心靈，大多是「孤寂」的；大多是處在「獨釣寒江雪」、非「獨釣寒江魚」，也非「拿信用卡到蜀魚館去叫一魚三吃」的那種不斷在「孤寂」中超越的心境。事實上，也唯有這樣的心境，能穿越表象世界，進入生命實質存在的終極點，而發覺人活著是的確一直在生命「孤寂」的深海將眞實的自我與「空・有」的世界打撈。

這種覺知，使我廿年前在潛意識中構想寫了〈隱形的椅子〉這首長達一百多行的詩，詩的開始，附加有這樣的幾句話：「全人類都在找那張椅子，它一直吊在空中，周圍堆滿了被擊瞎的眼睛與停了的破鐘」；詩的當中，出現這樣的詩行：

……………

落葉是被風坐去的那張椅子
流水是被荒野坐去的那張椅子
鳥與雲是放在天空裡

較遠的那張椅子
十字架與銅像是放在天空裡
　　　更遠的那張椅子
較近的那張椅子
　　是你的影子
　　他的影子
　我的影子
大家的影子
……………
詩的最一段是這樣的：
燈下　一些詩稿
一隻他坐過的空椅子
夜不向窗外看還好
一看　那隻空椅子
竟成了天空
人去　星在
最後的這段詩，顯然是意圖暗示出詩人們一生的創作生命，在終了，同空茫的時空與死亡於進行終極的對決時，所呈現的那種含有宿命性與悲劇感的「孤寂」存在情境。當然這種情境，對於那許多只抓住「海」存在變化的浮面浪潮，而不深入沉寂「海」底去探索生命奧秘的心靈，是沒有連線與斷絕的。事實上，「孤寂」往往是精神上至爲清明、高貴與豪華的時刻；「孤寂」並不同於一般人在冷漠的機械文明與都市生活中，所普遍感染到的那種被空虛寂寞與疏離感陰影籠罩著的孤獨；「孤寂」是能進一步，將孤獨提昇到凝聚自我精神的更高強與明銳的位置，去對人與世界進行深入的沉思默想與探視；它明淨似鏡，可看清生命與一切存在的實質與本面，它響亮似鐘，一碰擊，便使世界有「回響」。

「回響」來自無邊無際的莫名的鳴動，的確微妙與奧秘得不可思議；我眞的沒有想到上面那些凸顯人存在於「孤寂」情境中的詩，「回響」直到十多年後方聽見，經過如此漫長的時空歲月，它是由在世曾驚動海內外文壇的傑出詩人作家林燿德寫給我的信中傳過來的——

羅門大師：接到您卅一日來函，激動不已，我們心靈的迴路已完全的接通了！

讀〈隱形的椅子〉：

一看　那隻空椅子
竟成了天空
人去　星在

讀得流淚，那文字中透露出存在的神聖、詩人的孤寂與懷抱，以及大思想、大禪悟，大師，您已經是一個宇宙包容者了！全人類都在找的那張椅子，就在您的座下，不，您甚至化身那張椅，負載著全地球生命的「精神鄉愁」！…………

耀德一九八五、十一、二日

看著從這信中傳來的「回響」，我直望著信紙上林燿德簽的名字，而他本人已去世，在那沒有設地址的地方，到哪裡去找他呢？忽然一個比「孤寂」還要「孤寂」的世界，無限的向內延展，使我再度想起自己寫過的「生命最大的回聲，是碰上死亡才響的」這句話，可是它「響」了之後，整個時空，仍又陷入那片無邊無際的「孤寂」中，於是「孤寂」，便也因而成爲世界與一切終極存在的「回響」。

【註】在詩與藝術的世界裡，河流、海洋、天空、曠野都是不穿衣服的，一切都裸在眞實中。因而我也坦然的將這一個在孤寂時空中，經過十多年方聽見的「回響」，寫成了這篇短文。

文學之旅的心情

坐在從花蓮開回臺北的火車上，回想最近的這段日子，好像是被文學帶到一個有新感觸與動感的生活空間，將它美其名爲行動文學，若不妥，應可將它視爲文學之旅。

去年四月至十一月間，曾接連有四次文學之旅，一次是同蓉子應邀赴馬來西亞做一場詩的專題演講；三次赴華盛頓ＤＣ，參加由華盛頓時報基金會與國際文化基金會兩個財力雄厚的單位（耗資超出千萬美金）舉辦的國際文學會議。這四次文學之旅，由於主辦單位全程妥善接待，可說是創作之餘，頗愉快的免費旅遊，也使生活空間有「換氣」與得到適當的調度與舒放。

第一次因是去演講，只是將個人對詩的創作觀念與經驗，做講解與論述，較偏於單向的輸出；後三次則有彼此雙向交流的情形在，可激發大家對文學進行嚴肅與深入的思考。而可喜的是，三次大會都安排有世界級的大作家擔任主講人，第一次是安排一九九二年獲諾貝爾獎的DEREK WALCOOT，第二次是安排一九八七年獲普立茲詩獎的RITA DOVE，第三次是安排一九八六年獲諾貝爾獎的WOLE SOYINKA。大體上來說，他們的論談，對文學在根本上，都有相接近的看法——那就是在面對機械與物質文明掛帥、價值失控、精神頹廢偏向形而下的世紀末與後現代現象，都仍然堅信文學對人類進入廿一世紀乃至未來，永遠有救助與啓導的正面力量，他們都重視文學有理想的主體性思想；同時對後現代不少作家不重視創作思想與精神深度，那種似是而非的觀點，也不以爲然。這的確使我內心產生強烈的感應與共鳴，使我四十多年來，將生命投給詩與藝術，有如將物體投出去全交給地心吸力那樣永不變的心，是的確有回應與激勵作用的，同時也使我更有信心去重認過去對詩與藝術價值觀所持的看法與所說的話，這些話大多在我提交給大會的論文中提到，現摘錄一些較有關的片段：

·詩與藝術是將智識、經驗變成思想，再將思想變成智慧，將智慧變成生命思想的一門「美」的學問。若有人認爲這門「美」的學問，不要有思想深度，除非叫海不要有深度，叫高大的建築物，也不要有深厚的地基，何況是造在「美」中的龐大生命建築。

·科學、哲學、宗教、政治……等思想，雖可豐富、但卻不能「美」化詩與藝術的思想，可是詩與藝術可「美」化它們；甚至我們可以說，《聖經》是詩看著寫的，愛因斯坦等科學家腦的思路，進入無限奧秘的世界，有所發明，也都是「詩」一路爲他們打著無限的想像之光。如果沒有詩與藝術，人類的內在世界，雖不至於盲啞，也會失去最美的看見與聽見。

·詩與藝術能將一切提昇到「美」的頂峰世界；如果詩與藝術創造的「美」的心

靈，一旦死亡，則太陽與皇冠也只好拿來紮花園了。

·只有詩與藝術能將高品質的「美」的生命內容，輸送給人；也只有詩與藝術超越性的「美」，能確實將人類從專制極權的鐵籠與機械文明的鐵籠裡放出來，回到大自然原本的生命結構，去重溫風與鳥的自由，去徹底看清人、世界與一切生命，存在於原本與實質的「美」中，詩甚至是神之目。

·世界最美的人群、社會與國家，到最後絕非只靠機器來造的，而終於必須靠詩與藝術。

從以上摘錄我論文中所說的這些話語與看法，我深信對詩與藝術的價值觀，是站得住腳的，在應對上述三位作家所堅持的看法，也應有某些相通的交合點。的確，誰會把生命投擲在沒有價值可言的文學創作航向中？

車在雨中奔馳，車窗外的風景，迷濛在雨中，沒有可看的，便又自然走進回想裡來，而結果總是一再想到當前文學有被卡在「高不上去」也「深不進去」的現象中，大家一片忙亂，有不少人使不出力，離開現場，有人「滑溜」、「打哈哈」，有人一路「舒跑」，喝完便爽便丟……既然沒有理想與價值觀，搞什麼文學與藝術？文學與藝術絕不只是耍文字，媒體與技巧遊戲，如果是，那同耍把戲的人，有何不同？眞倒不如去下棋、打球來得實在些……於是越想越往認眞與嚴肅的方向，便又陷入往內在思索的漩渦中，旅遊的心思便只好暫移位到旁邊去。即使這次花蓮的文學之旅，坐巴士一路看到高山峻嶺令人驚險又驚喜的風景，住舒適的晶華酒店，以及前次在華盛頓DC的文學之旅，坐遊艇一路看名揚世界的花園都市，住凱悅豪華大飯店，在此刻回想起來，雖都感到旅途的舒適愉快，不虛此行，但畢竟文學之旅，同文學脫不了關係，便又自然想到花蓮之旅文學討論會中，所討論的「消費文化」與「消費文學」這一關係到目前世界文學現象的至爲重大的論題。這是大家都必須面對的問題，因爲無視於當前文學思潮中由「消費文化」所引發與主導的「消費文學」這一特殊的思維狀況，便將失去正面同當前文學對話的空間，甚至有離場之感。

的確，當現代尤其是後現代都市物質文明以絕對的優勢與強勢，將人追擊在吃、喝、玩、樂偏向感官的形而下世界。「錢」便主控著一切，錢可買快樂、買文化、買一切；使形而上的美感的心靈，移交給形而下快感的官能去運作，「錢」便主導爲滿足動物性的快感而展開物慾與性慾的奇異世界，也無形中烙上商業性「消費」的標記，使生活上凸現「消費文化」的特殊性格，直接影響文學一窩蜂湧起「消費」與「流行」的風氣，不講求思想深度與形而上性，是可見的事實，我們也的確不能不承認「消費文學」在目前擁有大量讀者，佔領較大的藝文空間。縱然如此，但我們深信「文學」的本身，絕不可能同意這就是最好的文學之道，而認爲有思想深度的嚴肅文學會消失。相反的，我們經過深一層的考察與追究，流行的「消費文學」雖有譁衆與較大的流行空間，但只能像展放的煙火，炫耀一時，隨時死滅在它的光速裡，而不可能像有思想深度與與形而上性的作品，昇越成爲光芒無限的星空，變成「前進中的永恆」之光。有如詩人柳宗元，千年前寫有思想深度與形而上性的「獨釣寒江雪」，讀懂此詩的人雖少，但千年後中文系的教授，仍以此詩教研究生，並永遠被後人看成好詩，傳誦下去。如果柳宗元寫的是沒有思想深度、平庸、大家都看得懂的「獨釣寒江魚」，則他與他的詩都勢必一同在時空中消失了。因此無論是標上「古典」、「現代」、「後現代」、「後後現代」、「消費」或「純文學」等各類名稱的文學，有一樣是永遠必須具備不可缺的，它便是文學作品生命感人的思想深度；這也就是說，無論古今中外，所有的文學作家，從田埂路到石板路到洋灰路到柏油馬路到目前的上「網路」，都不能不帶著確實有思想深度的心靈與生命上路，而絕不能只帶著流行的花樣與耍巧的藝術空殼上路，因爲眞正好的文學作品，絕對是有思想深度能將生命與世界帶進「前進中的永恆」的「美」的感人的存在的作品。

想到此，火車已進站……，回到「燈屋」，寫到此，也接近尾聲，最後誠以三句詩劃出文學創作生命三個不同的存在層面做爲結束——

星　空　燦爛在高不可及的光芒裡
噴水池　亮麗到一定位置便下來
煙　火　在搶眼的光速裡死去

詩眼看世界名女人戴安娜

——戴安娜是死了，留下一條漏網的新聞

戴安娜是死了，死了只有一些日子，並不算久，但全世界的鎂光燈，已從她的臉上逐漸移開與熄滅；成千成萬的螢光幕，已自她的臉上滑落；有關她的傳聞，也逐漸在患嚴重遺忘症的都市裡，被埋入快速地更換的新聞堆中，一切都將平息與過去。

曾有一位嚴厲的歷史學家，以解剖刀在她死去的生命上，公開劃下明銳的一刀，揭露出她在人類「宿命性」的生存歷史中，仍只是一個雌性的角色，在剛強的雄性威力下，即使再有能力，也難於在現實中輕易的掌握到存在確實的「威望」與「優勢」。雖然她格外擁有超凡與衆人羨慕的富貴榮華，但事實上，她整個內在的生命結構，看來也並沒有什思想深度。

也曾有一個文化現象批評家，站在多元與包容的觀點來看，認爲人在「存在」與「變化」的過程中，能盡心盡力去接受、體認與不斷的學習成長，編織出自己交錯豐富的生命景象，就有其被認可的生存意義，也應有其被珍視的地方；她認爲應這樣的來看待安娜，較寬容與自然些，因人不是神。

又曾有一位與我同車的音樂家，在途中當我說我將寫一篇短文，以「詩眼」來看戴安娜，他立即說那有什麼好寫，而且直截了當用了兩個不雅的字眼，指責戴安娜。當時，我了解他說的，是來自對戴安娜泛慾情生活，採取單向的較嚴酷的批評視點。

至於廣大群衆中的大多數人，對於這樣一個美麗動人、又處身在富貴榮華、而且活與死在驚動全世界新聞中的女人，她無論是被鎂光燈朝高貴的形而上方向，照亮入全世界所有讚美的眼睛；或是往揭發緋聞與隱私的形而下方向，照亮入一般人樂於去看低俗、刺激小道新聞的眼睛，我想他們都難免在驚讚與驚訝中，帶有某些羨慕。

看過以上所說的，我們在生命存在與活動三百六十度旋轉的玻璃鏡房裡，的確發現人面對存在有各種不同的觀視角度與面相，像上面所觸及與談及的，都似乎各有其正當的切入點以及確實的說詞與理由，而且該說的部分，都大致扼要的說了。此外，還有甚麼再說的必要？如果有，我想也只能從戴安娜生與死的身上，去找出人存在於世，往往躲不了那潛藏在宿命中的一些荒謬、矛盾甚至帶有悲劇性的生存命運與眞象，因而有所感嘆、無奈，乃至質疑。若從這樣的「存在思想」切入與做進一步的追究，我們也許尙有些話可說，那就是戴安娜像所有的人一樣，她也是一個有「身體」與「慾望」的人，當然在衆目中，她是好命人，因她嫁給王子；她便被寶石、鑽石與富貴榮華的光芒，圍繞在炫耀輝煌的光環裡。當她與王子踏著豪華的紅氈、踏著世人讚美與羨慕的目光，走進王室，那些來自現實與物質的外顯的榮耀與滿足，那確是地球上許許許多人在床上做一輩子的夢，也不一定夢到的，而命運將這些光輝無比的幸福與歡樂，都給了戴安娜，但這些，她眞的都滿足了嗎？這一個來自她潛在生命深處的聲音與訊問，是她終不能閃避，而且必須來面對與回答的。

的確，當她在愛情火焰燃燒的夜晚，脫掉高層社會爲她鑄造的高貴光環與裹在她身上的華貴服飾，將自己裸回原本的我與身體，裸入床那樣自由、廣闊、任放的「原野」，此刻若王子那彬彬儒雅看來並不那麼有帥勁與力感的體態，是否同她全面期待的生命碰擊在一起時，能全面激發出強烈的火光與具震撼性的迴響。如果不能，則她潛在眞實的生命，便勢必在追求完美中，感到某些被壓抑的遺憾與陷入一種豪華中的寂寞，並無形中潛伏著要求補救的力量、與意圖突破外造「光環世界」制約與圍堵的動機……於是戴安娜終於冒險接連將具爭議性與風波的婚外情，偷渡到她被衆目曾讚美的高尙、高雅與高貴的婚姻生活裡來，這不但使記者與鎂光燈將她從榮耀、高高在上的宮殿空間，直追人一般人都樂於湧進腰部以下世界去觀看熱線的緋聞小道；而且使「宮廷」世界也因而發生一次強烈的地震與火災，使傲世顯赫的「權貴」兩個字跌碎，且焚燬在原始的慾火中。

遭婚外情曝光後的戴安娜，被命運推入「讚美」與「指責」的分裂線，割裂成兩邊，懸吊在腳踏不到整個「自己」的空中，並喊著兩邊都是她，也都不是她；至於來自各方強大的回音，則是有人高呼她「貴婦」，有人叫罵她「失貞」……此刻，受困在兩邊都是她也不是她的那面牆裡的戴安娜，她究竟該如何突破這面堅固的牆，而像花朵回到剛開放的位置、河流回到剛流動的位置、鳥回到剛展翅的位置、……那樣的回到原來原本的自己!?這或許是肉目與記者的照相機鏡頭、鎂光燈等新聞媒體，都不知在哪裡方能追蹤、探索與看到這一條至爲緊要、秘密且珍貴的漏網新聞；而它只好靠「詩眼」探視入生命與一切存在於奧秘與原本中的內在深層世界，方能發現與看到——那就是當活在被讚美與指罵相交割矛盾中的戴安娜，於潛意識中，曾浮現這樣的意念與動作，主使她一個人靜靜的在白晝或夜晚，忘去一切，將裸露的自己，往開放的游泳池與大海裡跳，把無論是來自讚美的光環，或是來自難堪的指責以及所有紊亂不安的情緒都洗掉，游向自己，游回空淨的原來，並自自在在的游進大自然整體存在的生命結構，將自己的胸部與乳房，交給海浪、天空與山峰去浮現，將自己的腰部與手腳，交給河流去流動，將自己的雙目交給日月去明亮，將自己全然自由的心，交給風雲鳥去飛翔飄逸……此刻她掙脫掉所有無形有形的框架，世界對她再沒有任何壓力，她重新抓住自己與生命的原點，而我們也只能在此刻清楚看到她最後做爲自己存在的原來樣子，遠離新聞網，在讚美與指責的聲音之外，對於此刻美得像空無的白色雪景的她，我們會不會聯想到曾有一位觀念非凡的畫家，最近在一次展覽會中，將滿屋過去畫著各種不同生命過程與景象的畫，都一幅幅當著觀衆，用白色全部塗掉，塗成一片空白的原本的存在，並因而對人存在於千變萬化與茫茫的時空中，有所覺識與深悟。

詩眼看世界名男人宗教家達賴喇嘛

——站在「出世」與「入世」水平線上的人

身爲「出家人」的達賴喇嘛，既有如此高的神通力與執持，我們便不能不嚴格的提出一些具追問甚至質疑性的話題，來請他作答，看他是否能確實且澈底地建立起那超脫與純然的宗教境界。

首先我們應肯定宗教也是一種「思想」，它是以智慧來追究生命存在終極意義與價値的一種思想，是故，我們在此，不採取近乎「迷信」的絕對信仰來看宗教，縱然大家不會完全排除有許多人以求平安與祈福的心，來信仰宗教—因他們往往在面對死亡、天災人禍與現實中無法超渡的痛苦時，而迷信宗教的力量，能獲得救助，那是一種自然反應，也有其生存的自由意志與適當性的權利，但這畢竟不是本文所關注的思想層面。

由於我們面對達賴喇嘛，已不是面對一般信教的人，而是面對一個具有宗教大知大悟思想，並聞名世界的宗教家，於是必須將他放在生命存在的高層思想世界，用「

詩眼」（註）來看。

未將鏡頭對準達賴喇嘛之前，我們先以特定的焦距與焦點，對人類生命超越與昇華存在的純美之境，進行掃瞄，讓諸多帶有宗教性嚮往的內心情境浮現與交映成本文思想活動的特區。

如詩人陶淵明與王維他們詩心中的「美」神，無形中便近乎是他倆所嚮往的「宗教」—他們不願意被「名利」所架構的官場勢利現實世界，將緣自詩所昇華的原本的純我與眞我生命，受到扭曲與污損，便丟官而去，陶淵明退隱田園，超越且醉心於「悠然見南山」的無限自由自在以及開濶與寧靜的心境，面對悠哉美哉的人生，產生出帶有「宗教」性的嚮往、隨和與順適的情懷；王維則沈迷於山水，優遊且超越進入「山色有無中」的那種入而與之俱化的無限奧秘與神秘之境，此境已近似神地，便也無形中溢流著帶有宗教性嚮往的情懷。

貝多芬音樂中的「美」神，無形中也近乎是他所嚮往的一種「宗教」—他用「英雄」與「命運」交響樂帶領人類激越的生命，突破存在層層的阻力，但終於在「第九交響樂」中，被抑壓下來，使所有的臉，都謙和與虔誠的流露出「宗教」性的神情，而對存在中的「神」秘生命與一切，充滿了美的讚頌、嚮往與膜拜；至於音樂家李斯德，他一生企圖用音樂將所有的聲音，送到「美」聽的巔峯世界，而在最後自己面對茫茫的時空與人所不能完全克服的一切，便當了神父，成爲教徒；將自己心中的聲音，也在禱告中，虔誠的交給上帝與神的「神來之音」。

又曾身爲世界性的政治領袖（也是上帝的信徒）肯奈迪，從他說的話：「詩與藝術使人靈魂淨化，權力使人腐化」，可見他已覺識到唯有在詩與藝術中超越趨於淨化的靈魂，方是高貴値得珍視與能接近眞實、完美與永恆的存在，進而通往神與上帝爲世人在宗教信仰與聖靈中所造的完美與永恆的天國，事實上，淨化的靈魂，便也近乎是神的聖水所清洗過的靈魂，也自然的呈露於善化與美化的宗教世界。

至於科學家愛因斯坦，終也理性的信仰了宗教，那顯然是由於人存在的「宿命性」，要以「有限」生命來對抗宇宙「無限」的生命而起，縱使愛因斯坦他高超非凡的思想與智慧不斷探進無限奧秘的世界，能有驚世的偉大發明與成就，也爲世人所尊崇與讚揚，但當他進入晚年，體能衰退，面對死亡，不能不帶著自己完成的、匆匆離開這個世界，而他與全人類都永遠不能完全去完成的部分，則仍繼續不斷的存在於未來與無限中，因而便不能不感到自己在宇宙中，的確是有限與渺小的，也不能不由衷的崇敬神明與偉大的造物主──創世紀的上帝；尤其是在閉目後，自己將往那裡去呢？這一問，便也自然問出那具有「宗教」性的救助世界來，圖求得一些心安。於是愛因斯坦他的理性科學生命世界，在最後也感通與靈悟到那無限神秘的宗教生命世界，而使自己超越一切有形的存在，成爲虔誠的宗教徒是可見的。

看過以上掃瞄的這些或多或少浮現著宗教思想意涵與情境的生命存在形態，接著來看看，身為「出家人」的達賴喇嘛，他在當前之所以格外受世人崇敬，原應是由他超越空靈的心境，已潔淨如無塵的明鏡，直視生命不被污染的本眞，能直指一切進入自然的完善與完美之境。他既有如此高的神通力與執持，我們便不能不嚴格的提出一些具追問甚至質疑性的話題，來請他作答，看他是否能確實且澈底地建立起那超脫與純然的宗教境界。

首先我們要問的，是達賴喇嘛，當他將「銀行」與「宮殿」連同他的頭頂一起剃光，去同天空比空，這刻，他能不能在內心中覺察到那個空能容萬有、靜能納萬動的世界，如果他不能，他便像一般教徒，不必再問了；如果能，便接著往下問，當他處在「萬徑人蹤滅，千山鳥飛絕」的山頂廟宇裡打坐，他是否分心尚聽見人打木魚的聲音、谷底泉水的聲音、天空飛鳥的聲音、乃至樹影的聲音，如果都聽不到，而只聽見寂靜與空無發出聲音，則他便眞的空靜與了無牽掛的「出家」了，並進入無限自由、開濶、透明的空靈之境，在超越與昇華中，臻至生命最高的境界，而眞確的成為超脫塵世進入高境層的「出家人」——崇高聖潔的宗教家。

可是當達賴喇嘛也像常人入世，接受捐款，從事現實世界的具有爭議性的事務，重返錯綜、複雜、矛盾、不安、焦慮的一再被「出家人」認為「苦海」的人世，形成「出世」復又「入世」的存在相悖情形，使高超「純粹」與具形而上性的宗教思想，朝向現實「不純粹的」功能世界運作，便也不能不因而宿命性地被卡在「出世的清淨」

與「入世的不清淨」的可見的存在難題與困境中，凸顯人「進」「出」於天地之間，的確伏藏著一種宿命性的相悖與荒謬的存在。

像王維與陶淵明在帶有宗教性的詩神指引下，超越並進入個人自由自在的逍遙世界，看來是美好與令人嚮往的；但也在人類整體存在的世界中，留下問題與盲點——那就是若大家都超越的悠遊出去，而留在塵世與現實中的那許多有待解決的衆人存在問題，誰來清理呢？於是又的確需要像能出世又能入世的達賴喇嘛那樣對社會有關懷的人，來爲解決人類存在的難題與困境，而共同努力，可是如此做，雖較同詩神坐在思想「象牙塔」裡的王維與陶淵明，活著顯有多一層含有「現實」世界存在的實際價值效益與意義；但在「錢利」「政治」所盤據的現實社會環境與世俗中，「進進」「出出」的達賴喇嘛，他畢竟是人，不是神，他起伏浮沉在波濤洶湧的人海中，心能確實一直保持像出世的佛心那樣平定與清靜，而沒有絲毫波動嗎？心境眞的都一直能明淨一塵不染嗎？若不能絕對的做到，則達賴喇嘛原本無限地超越與昇華的「出世」心境與情懷，便難免仍潛藏有些現實性的障礙，也因而達不到宗教至純、至高、至美的精神境界，是可見的。我們雖不能同意像有些心地不夠溫厚與包容的人，指說他近乎是有謀略的政治和尚，但我們在貝多芬與李斯德等音樂家將世界送往「美」的巔峯世界音樂中，在愛因斯坦探索宇宙奧秘的高超理性，被阻在「死亡」與「茫茫的時空中」之前，也並沒有看到達賴喇嘛眞的已空靜入詩人王維「山色有無中」與大思想家湯恩比心目所見的那個進入宇宙之中、之後之外的永遠存在的眞實之境。其實當他出世之心介入政治，他便像常人一樣，不可能不感到來自現實的某些阻力與壓力，而難免有時也存在於某些掙扎的苦思中。於是便也自然回到本文所論談的原點，指證出人活著，若想完全脫離入世的「苦海」，便只有「出世」或將自己生命都交給全能的主。然而人怎能不被現實生存冷酷的力量迫著「入世」？又如何能將自己的生命都眞的全交給上帝？是故，人便也「宿命性」地擺盪與卡在「出世」與「入世」以及「人」與「神」之間，去面對那種是做爲人所「無法抵達」的存在；而這便是基於「人間」與「天堂」的設計不同；剃掉榮華富貴「出世」住在深山中的和尚，同下山進城抱持「入世」的心，參與社會政治活動的和尚，角色顯然不同，心境的活動與清淨度也不同，因此，便也可見「出世」無限空靈的世界與上帝創造永恒完美的天國，只是人的心可靈見與嚮往的生命神地，人可神思與神遊，但人的雙腳插入複雜變化的現實人間，便的確只能站在遠遠裡去心領了，同時也讓我們從達賴喇嘛「出世」的空靈空靜與「入世」介入現實政治無法全靜的身上，更清楚的看到人是的確宿命性的活在一個相悖甚至帶有些荒謬性的存在事實中。

【註】「詩眼」是動用「肉眼」、「腦眼」與「心眼」三種眼所混合的總視力來看「人」與「世界」。

詩眼看臺灣經典文學

文學的最終價值是希望人類活在「眞實」中；做爲文學作家，怎能不維護眞實的存在與說眞話呢？這是我寫本文的主要原因。至於用詩眼來看，是因詩眼能穿越社會現象面，看到存在的實質眞相。

有位朋友叫我看二月十二日聯合報副刊談「臺灣經典文學」的文章，因我沒有訂報，平時也不大看報，只好去找一份來看。

在看過馬悅然、齊邦媛、林永福與劉紀惠諸教授以及臺灣筆會會長名散文家鄭清文都對「臺灣經典文學」的出版有些意見之後，我個人確也同樣有些意見，但是寫出來，又怕被人認爲是因自己沒有列入，而且會得罪人，不能不考慮。然而文學是堅守人存在於「眞實」中的最後防線，經過多次思考，覺得還是應該將眞話說出來。

記得前二年，名詩論家蕭蕭也曾策劃過一套「臺灣經典詩選」共選十位詩人，作業已完成待付印，但因出版社財務臨時發生問題而停擺，不然這套書應是臺灣作家經典文學的首創。我雖被列入，也是極少數獲得蕭蕭在論文中高評價的詩友，但當時我還是在電話中愼重的對他說，最好改爲「精選」，因用「經典」，難免會引起爭議。同樣的，「臺灣經典文學」中，用「經典」兩字也難免有問題，值得討論。

我之所以不主張輕易使用「經典」兩字，理由是：

㈠「經典」必須是作家的作品，確有淵博、卓越非凡的大思想與大智慧，能啓發人類的生命與心靈活動進入廣闊的精神世界，並在年代中對人類產生永遠非階段性的感動，否則，如何能成爲「經典」!?再就是作品在藝術表現上，結構的完妥性以及語言的精練、精確、精純、精美度與技巧的運用，也都必須眞的達到無懈可擊的地步；這也就是說「經典」作品，必須確實是完美且永恆不朽的作品，否則仍存在有某些缺點，不夠完美，如何能確實成爲典範與「經典」!?

㈡後現代文學思潮與理念，主張顚覆與解構，根本就反對「偶像」，骨子裡也就反對「經典」文學，這看法雖非絕對，但確也有相當對的一面，值得注意。因爲任何作家的人生觀、世界觀、宇宙觀與藝術觀……等，隨著不同的存在時空與歲月，不斷有所改變、增進、加強與擴充的情形，如果以往寫的書，現在看來已不夠新、不夠好、不夠滿意，那麼連作者都要加以調整，已不能將自己的作品當做典範來看，怎能叫別人當作「經典」!?

說到此，我請瘂弦原諒，將他的瘂弦詩集現在提出來，做爲我對「經典」質疑的具體印證。

瘂弦停筆三十餘年不寫詩，將自己投向推展文藝的工作，那是他存在所做的選擇，但以三十年前寫的這本瘂弦詩集列入「臺灣經典文學」，便的確有問題，理由是如果列入「經典」文學，則整本書中的數十首詩，篇篇都必須是「經典」作品，但事實上，經我四十多年來專業寫詩與評論的認知與經驗，從思想層面、藝術層面採取公正客觀的立場來看，我發現這本書，經過「詩眼」的透視，很明顯的有小部份詩寫得不夠好，有一部份詩寫得相當好，但非特別好；有一部份詩寫得的確好而且傑出與有深度，我做這樣扼要的分類觀感，只要翻讀這書的內行人，都不會反對吧！那麼像這樣由那麼多夠不上「經典」要求的作品所組合成的書如何能列入「經典」文學系列，當作「經典」書來看待!?

就是瘂弦最獲得好評具有他個人代表性的作品「深淵」，我也認爲此詩確是當時透過現代主義存在思想所寫的一首具有前衛意識、思想深度與對生存具批判性相當傑出的詩，但目前在臺大研究所教現代詩多年的張健教授，認爲此詩是好詩的同時，他也曾在一九六四年三月出版的〈現代文學〉季刊發表的論文中指出此詩有比不上另一位詩人寫的「都市之死」的地方；張教授說：「……『都市之死』是力作。那種寓批評於感受的作法，自非無前例可援。而主題之凸現，又較同型的「深淵」（瘂弦）爲甚。除了朗然的風格外，更予人堅實矗立的感覺……大刀闊斧的比喻之羅列，破釜沈舟的死亡之爆發，造成了一股鮮有其匹的尾聲。……它比瘂弦的「深淵」觸及的面廣泛，與現實則多了一層象喻式的距離，但此點並未減弱了其雄渾的力量。……」即使「都市之死」獲得張教授的佳評，但在我看來，也只是對人類存在於廿世紀現代技械文明世界具有強烈批判、有深度、有前衛意識像「深淵」那樣有著不同傑出性的詩，同樣也不能視爲「經典」。

再就是，如果瘂弦三十年前不停筆一直寫下來，現在回過頭來看「深淵」，也必會像別人一樣發現詩中揮灑出的大量語言，尙仍有壓縮、精簡與過濾的空間，使之獲得更佳的精純度、精美度與質感；以及覺得語言的動態、動感、動能、動速與動力……等，在此刻對後現代詩人的碰擊與感受，已不像卅年前那麼強與貼切，多少已有些疏離；如果瘂弦繼續寫，必有所改進，而只要覺得仍需改進，則顯然就不夠完美，也就成不了「經典」，何況後現代詩人，已尋求自己新異的語路與思維空間，更是無形中指證後現代文學思潮在極端的排斥甚至否定「經典」文學的存在。

如此，從上面相連的論述看來，則瘂弦詩集，若刪去其中一些寫得不夠好的詩，而列入現代詩「精選」集，或像名散文家鄭清文所說的好書，我想比較妥當，大家也能認同，但列入「經典文學」書，便的確有問題，說不過去，甚至扭曲文學史。

●附語

讓我們在地球上，爲文學留下一些誠摯眞實的聲音；此文是從「文學世界」非「社會現象層面」發出的客觀信息，若能拋開無關的因素，純粹站在「事實」與「事理」的基點上來看問題與追究責質的存在，則文章是誰寫的，已不重要，重要的，是否寫得有「理」，因爲「理」方是全人類必須遵守的。

我最短的一首詩

天地線是宇宙最後的一根弦

前言

這是我最短但後設「附語」最長的一首詩。其實這些「附語」，也是採取詩、散文、哲思、評論……等文藝屬性所混合成的一篇文章。因此在採取後現代「文類解構」的觀念來看，則它除了是一首詩，也是一篇散文；也是一篇對生命與時空存在進行探索與判視的論文；同時在其中也有我構想中的一件地景藝術（LAND ART）作品。

在失去中心與價值失控的後現代現象中，大多數人已像是衝刺在四面牆裡的蝙蝠人。慶幸的是詩幫助人類在「麵條」、「金條」，與現實勢利社會到處的「拉皮條」之外，看到了另一條奇特的線條，它便是一直牽著日月與萬物進出的「天地線」；也是宇宙留下最後回聲的一根弦。

附語

這首短詩，看來極需要「後設」詩語同行，因爲它們走在一起，很談得來。在我寫過不能不注意深度與廣度的不少長詩如〈第九日的底流〉、〈麥堅利堡〉、〈都市之死〉、〈死亡之塔〉、〈板門店38度線〉、〈觀海〉、〈曠野〉、〈隱形的椅子〉、〈時空奏鳴曲〉、〈大峽谷〉……等以及〈窗〉、〈晨起〉、〈山〉、〈流浪人〉、〈全人類都在流浪〉……等不少短詩過後，這首短詩，可說是我最短的一首詩，以後也不可能寫出比它更短的詩。記得詩人龐德說過這樣的話，一個詩人能寫出一個獨特精采的意象，是值得高興的事。如今，我將一個自認是一已較獨特精采的意象，透過詩眼，對它內涵與結構做整體性的透視，又能獨立成一首詩，應是創作中又多出的心得。

這首詩雖特別短，但心靈與思想確實同「它」走了相當長的路，在茫茫的時空中，對我來說，「它」已是一切存在最後的回聲；尤其是當我在〈窗〉詩中，寫出「猛力一推／竟被反鎖在走不出去的透明裡」，陷入那片無邊的空茫中，內心的感覺更是如此。

記得我與蓉子有一次飛過大峽谷的高空，在宇宙的茫茫中，內心忽然想到整個世界與地球，只留下三條線：

(1)一條是「大峽谷」——是大自然用「原始」劃下的一條線。

(2)一條是「萬里長城」——是人佔據大自然，用「人的骨肉與血」揉成的三合土，在爭權奪利的現實世界，劃下人爲的一條線。

(3)一條是「天地線」——是宇宙用「空茫」與「沉寂」，劃的一條似有似無亦眞亦幻的一條線。

這三條線，已被「詩眼」看成時空與生命活動的三線道，於進入詩的沉思默想時，便會無意中想到人存在於「大自然」的生命結構中，一方面想望著風、雲、鳥的自由，另一方面又必須被納入現實冷酷世界的各種有形無形與新舊的框架，自願或不自願的被「生存」扣著手腳在走……。而人從搖籃到墳墓的時間很短，睡覺已死了三分之一，若又背離「眞我」活著，也等於是空白與死亡，人究竟能眞實的活了多少？又究竟能爲自己建立與完成那些可靠的什麼？再就是死亡的左右手——那不可抗拒的「時間」與「空間」，是一開始便站在「搖籃」的旁邊，將所有的人一直綁架到「殯儀館」，而大家都好像沒有發覺，同時這件歷代來最大的綁架案，也都從未破過案；這便引發人類尤其是透視力與敏悟力較高的詩人，不能不進一步，探究人存在於深層世界中的奧秘與眞況，而也在不斷的質疑中，勢必看到下面這幕一再在重演的重大悲劇——

那就是：「人活著，都要一一被時空消滅掉；人被時空消滅掉過後，人仍可設想與盡力從銅像、紀念館、百科全書與天堂裡復活過來。可是再往下想，當他死了，銅像、紀念館、百科全書與天堂，安慰的是張開眼睛的我們，而他！太陽究竟從那個方向昇起來，他也搞不清楚了。於是，人又不能不再度掉進無邊的空茫中；唯一能抓住的，便是那條似有似無的『天地線』——『宇宙最後的一根弦』，在鳴動著一切存在的似有似無的回聲……」。

此刻，如果我們正好在三萬呎高空的雲上飛。雲上竟是宇宙一座空無的藍色玻璃大廈，但一張椅子都沒有，沒有東西可停留下來；不但是有山有水、有大自然景觀的「大峽谷」與一直望著朝代來、朝代去的「萬里長城」，都看不見了；就是一望無際的雲山雲海，也只是一片可見的白色的「空茫」；整個世界便不能不進入超越「實有」的全面「空茫」、「空無」與「空靜」之境，而呈現出「空」能容納萬有、「靜」能容納萬動的實在世界。這樣的存在世界，除了使那茫茫的「天地線」成爲「宇宙最後的一根弦」，能到那裡去拉出存在奧秘與永恆的回聲？

事實上，所有二胡的弦、古箏的弦、小提琴、大提琴的弦、豎琴的弦，乃至祖父、曾祖父、曾曾祖父的心弦，都相連在茫茫的時空中被鐘齒咬斷了，就是從棺材到天堂的路線，也只是在禱告中，所設計的一條斷斷續續的虛線；最後，也的確只有那條似有似無尙可見的「天地線」，一直留守在宇宙茫茫的時空中。

可是這條「天地線」——「宇宙最後的一根弦」，它懸在茫無邊際的漠遠裡，不用說全世界所有的人（包括文學家、藝術家、哲學家、政治家、科學家，乃至帝王與爲上帝工作的神父……），都休想彈到它，就是將所有的腳與鞋子以及車輪、機翼、鳥翼乃至雲的翅膀加在一起，也休想近及它。它便因而成爲自彈自鳴，誰都不能彈的一根弦——「宇宙最後的一根弦」；同時成爲一切存在無聲的回響；也渾成我一生中最短的一首詩：「天地線是宇宙最後的一根弦」。

在這首短詩「天地線是宇宙最後的一根弦」寫成之後，經由「視覺詩」的誘導與引渡，詩中的具體意象，便順利轉型進入視覺藝術創作理念中的地景藝術（LAND ART）境城。

如果說世界著名的地景藝術家克里斯多（CHRISTO）將畫在畫布畫框裡的外在自然景象，放生回到大自然，以「包裹」手段重新規劃與展現出大自然眞實美的具體景觀，是被肯定的；則我將「天地線」這一單純體現於宇宙間亦眞亦幻的線條造型，當作是我所構想與創作的一件「新」的「地景藝術」作品，應也是具適當性的；而且在作品意涵與符號的作用功能上，我想是同克里斯多偏向於「表態」與「述明」的「地景藝術」所表現的有異。我是企圖一方面採取極簡（MINIMAL）與絕對觀念（ABSOLUTE CONCEPTION）的藝術手段使「天地線」的視覺空間感達到單純精簡的造型之極致；另一面注入詩大量的象徵性與超現實性，以期豐富作品的內層意涵與對存在的覺識。

的確，當「天地線是宇宙最後的一根弦」這首詩中的「天地線」，經轉型爲視覺藝術中可見的「地景藝術」作品，並定名爲「誰都不能買的一條天地線」。兩者便都同時構成存在的高難點——一是「誰都不能彈」，一是「誰都不能買」。「不能彈」上面已說了不少；至於「不能買」，我只是曾同一些藝術家在談話中半開玩笑半認眞的說過：

「做爲一個畫家，從小畫到老，一生究竟畫了多少線條，好累！當『地景藝術』的興起，乾脆請『詩』幫你將那條『天地線』買下來，不但省事，而且也眞的難於猜想它究竟有多貴重，多耐看與耐用……」

再就是，如果我們採取三六〇度的掃瞄，做進一步與深一層的探視，就會發現到一個更奇妙的事實，那就是：無論是日光、月光、星光、燈光照來照去的光線；腳步、車輛、輪船飛機跑來跑去的路線；風、雲、鳥飄來飄去的拋物線；眼睛看來看去的視線；畫筆畫來畫去的直線與曲線……等這許多多數不清也數不盡的線條，都難免要被那條長遠不可觸及的「天地線」攔阻下來，說是收容它們，是因較說沒收它們好聽與有情意些，也可平和悲劇的激烈性。

的確，當「天地線」在詩眼中找到它內涵思想存在的基因，而創作成這件地景藝術作品——「誰都不能買的一條天地線」，在與「天地線是宇宙最後的一根弦」這首短詩，同時展現在宇宙茫茫的時空中，便也被詩眼看成可見與不可見的兩條線路，可通往湯恩比（TOYNBEE）心目中的進入宇宙之中、之後、之外的永久存在的眞實之境；也可通往無邊無際無聲無息的「空茫」，留下存在強大無比的回響與許多問號，迫使大家越去回答便越覺得困惑與無力感——

先是讓古代買得起一個國家的帝王與當代買得起整座城市的大富翁望著買不下這條「天地線」感嘆入棺；接著是科學家絞盡腦汁造太空船去運那永遠也運不完的「天空」與「茫茫」；再下來是詩人陳子昂不停的唸著「前不見古人，後不見來者，念天地之悠悠，獨愴然而涕下……」；再下來是和尙將富貴榮華隨同頭頂一起剃光，讓空空的光頭去同天空比空；最後是牧師帶著衆人不停的禱告：「永恆的主、永恆的天國」，去看來生。

寫到此，這首短詩與「後設」詩語，邊走邊談，已接近尾聲，再要補充說的話也很短，那就是從這首短詩中，我再度體認「詩」確是一門以文字爲媒體的極簡（

MINIMAL）藝術，企圖以極少的語言符號，透過象徵與暗示，舒放出生命與思想高質感與高強度的能量。至於問它是否屬於過去、現代、後現代、後後現代，以及是否屬於古典主義、浪漫主義、現實主義、超現實主義、象徵主義、抽象主義、新寫實主義……等問題，雖也有其必要性，但更值得注意的是詩往往在創作時能將「時空」與所有的種種「主義」，都只視爲材料，都可將之有機的化爲作品生命所表現的機能與質素；所以詩在根本上具有超越「時空」與「主義」框限與制約性的創作特質；而能呈現出一種「前進中的永恆」的存在能力。同時從這首短詩所轉型爲一件「地景藝術」的相互觀照中，又可看出文字藝術家與視覺藝術家是至爲密切的芳鄰；並可打破彼此在以往過於硬性的分隔，尤其是在強調解構與多元共處的後現代、即使要有所分隔，也不應用封閉的牆，而應以透明可見的玻璃牆，使彼此有所共見，並有利拓展彼此創作廣闊的視野。

心靈訪問記——天窗訪問羅門

——談「大師級」作家

問：請問你面對任何事都經常用「詩眼」來看嗎？爲什麼？

答：因爲「詩眼」是以「肉眼」、「腦眼」與「心眼」三種眼合起來看，而且具有「環視」、「注視」、「凝視」、「窺視」、「仰視」、「俯視」、「無視」等七種視力……它比較廣闊、深入、敏銳與具超越性，能進一切之內，去揭露隱藏在深層世界中的實質存在。

問：最近報紙上提到中國當代「大師級作家」，而你使用詩眼來看，結果發現「眞正大師級」的作家，尙難確定，其主要的原因，究竟在那，請你談談。

答：記得在現代詩社舉行成立四十周年紀念盛會上，來自大陸的文學評論家李元洛先生曾說，在中國現代文學發展過程中，確有優秀與傑出的詩人作家，但尙未出現有「大師級」的詩人作家，可惜他說這話，未說出理由，我多少有同感。

最近同一些至爲嚴肅的藝文朋友在一塊聊天，偶而也談到這個話題，也都大多認爲確實具有世界觀與宏觀思想的「大師級」作家，仍未浮現，仍在期待中。

雖然名詩論家李瑞騰教授在文訊七十九期將我與詩人洛夫稱爲「大師級」詩人；我一九八八年與林燿德赴北京大學演講，海報也寫上「歡迎臺灣詩壇大師羅門」等字樣，以及聞名海內外的傑出詩評家林燿德在論文中也指稱過我大師，但我還是感到受之有愧，若當爲一種激勵，去作進一步的努力，尚可以。

由於「文學」尤其是「詩」對一切存在，確應有超越與眞實性的價值判斷，故談到「大師級作家」這一至爲嚴肅的話題時，便不能不愼重。

於是當我對此問題予以深入的思考，我認爲在中國大陸，由於政治長期掛帥，作家在創作中，最重要的自由想像世界，難免受到一些無形的限制，導致藝術創作思想、理念與表現策略……等受到可見的影響，便自然呈現出較約束、遲緩、與趕不上世界現代文學新思潮發展的形勢，因而弱化了現代文學所特別強調的前衛性與創新性，而的確同世界級的「大師作家」，呈現有某些距離。

至於臺灣方面，雖然受西方藝術思潮的衝擊，較直接且快速，能有利地引發具前衛性與創新性的創作理念，建立語言媒體與藝術表現技巧新的運作形態與思維空間，但卻難免因受現代物質過度文明以及功利社會與多元化價值的衝擊，導致對創作生命的專注、執著與全面投入的精神，尚嫌不夠，以及事實上，在思想與智慧的層面所展示的「淵博感」、「深厚感」與「壯濶感」，也仍未呈現出確實夠成熟、夠穩定、夠壯觀的實質形態。這都應是使大家從眞正的藝術良知中，認爲「大師級」作家（包括其他的藝術家）的形象，尚難確定的主要原因。雖然過去臺灣曾出版過所謂「十大小說家」「十大散文家」、「十大詩人」的選集大書（我也榮幸被選入「十大詩人」選集），而事實上那「十大」也只能看成「大師級」尚有待繼續去努力完成的初稿。是故，如果出版社隨便將一大批作家缺乏公信力的都輕易的封爲「大師級」，則難免在打商業廣告時多少會傷害到嚴肅的文學空間，甚至有辱文學史；同時也表明主事者缺乏眞正對文學的考察力與判斷力。

問：照你的看法，好像眞正「大師級」的作家，不是那麼輕易產生，理由在那，究竟應該如何來認定？

答：我們相信對文學史或從事批評稍有見識與眼光的人士，都不難分辨那一樣的作家，確具有「大師級」的實力與實質；而只是優秀、傑出與現實上有名的作家，都尚不能稱爲「大師」，除非另有人爲的其他因素與標準。基本上，「大師級」的作家，都勢必要面對並通過下面的層層驗證，方可能被確認。

㈠他應該對創作具有專一與投入的敬業精神，有經得起長時間考驗的創作心路歷程，並持之以恆，不中途退卻，以流露出對創作始終執著嚮往近乎宗教性的虔敬情懷與誠摯高貴的文學品格。

㈡他應該是一個確具有大才華、大思想、大智慧與大心境的作家，因他是「大師級」，而非只是具有某些聰明才識與相當思想的作者；因爲後者只能達到相當的傑出與優秀，同「大師級」顯然尚有一段可見的距離；而前者方有確實的實力基礎，可望在不斷的創作與努力中，成爲「大師級」作家的可能。

㈢他應該是一個在創作上，能同時擁有高層次的思想內涵力與美學理念的作家，並確實表現出當代創作的前衛性與創新的精神。

㈣他應在作品的「質」與「量」雙方面，均具有確實豐厚與相當輝煌可觀的成果，方能顯現出「大師」應有的巨大實力與夠「大」的格局。

㈤他應該建立起一己獨特的創作理念、思想體系、風格以及文學家純正的典範與形象，並具有啓導與顯著的影響力。

㈥他應該有不少作品，確可達到世界水準能超越時空，進入人類心靈深處引起永久的震憾力與感動，並呈現出具永恆性的存在實力。

此外，當然在做人方面，尚應保持良知、良能，有原則，有是非感，遠離市儈、勢利利與小政客的行徑。盡力使文品與人品合一，建立文學家好的品格，料必也是身爲「大師級」作家不可忽視與應兼顧的。

若能做到上面所說的種種，我們不說他是「大師級」的作家，恐怕也不成了，反之，「大師」只是隨使亂送的一頂「高帽子」。

問：你提的六點驗證眞正「大師級」的意見，是不是對或有理，我想「繆司」與有「眞知良知」的文藝人士，是心裡明白的。現在我想問你一個較實際的問題，據說有一次在聊天，有人提到瘂弦可不可以也考慮爲「大師級」作家，你好像有意見，理由是什麼呢？

答：理由很簡單，就是他無法完全通過上面的六項驗證。他做爲詩人，竟一直停筆三十餘年不發表一首詩，只憑三十年前作品結集的那本「深淵」詩集，便稱爲「大師級」作家，我想不但詩神與大家不會同意，連他自己也難免感到不妥。因爲他那本「深淵」，在嚴肅與客觀的評判下，只能被看做現代詩在當時於開拓與實驗過程中相當傑出的作品。至於語言的精純度、思想與精神層面、藝術技巧表現與美學理念，事實上，仍有待進一步的加強提昇與努力，以期邁向更理想以及純熟與爐火純清的佳境；同時瘂弦在當時的創作風貌，仍多少遺留有模仿詩人何其芳及受西方詩影響的痕跡與調調，尚未確實建立一己完全獨立的創作理念與體系，可見他仍在向前探索與發展的創作過程中，雖有傑出的表現，也有可觀的展望，但他卻停筆不寫了，一直停了卅餘年。這樣，他在創作的「質」與「量」，既都仍有待加強與推展，而又缺乏做爲詩人的敬業精神與誠摯態度，怎能那麼輕易的稱爲「大師級」詩人，即使我放棄好的職業，堅苦的全面投入詩創作近四十餘年，也有多位學者、詩人、作家與藝術家或在文章中或在來信稱我大師或宗師，以及數十位批評家寫了近百萬字批評文章，出有多冊論我的專書，我仍覺得擔當不起「大師」這個榮耀的頭銜。就是連洛夫也一樣尚不能，而瘂弦怎能？

還是客觀來看問題較合道理與原則，如果瘂弦他不停一直寫下來，隨著人生的體驗、思想領域的擴大、視野的廣闊，以及接受世界藝術思潮新的沖激，並繼續努力，當有更好的創作成果，是可見的，也可望往「大師」之路邁進。可惜他的創作生命尚未充份的發展出來，便已停筆，一停就是三十餘年，可見他對詩也缺乏執著忠誠的態度。

再就是有人說瘂弦是「見好就收」，而我卻覺得說這話的人，不是無知，便是得到瘂弦強有力傳播媒體的好處說的馬屁話，並害了瘂弦，如果說瘂弦三十餘年前「見好就收」，那麼在三十餘年前像他一樣寫好詩的詩人，是否也應與他一起都「見好就收」呢？何況寫詩是詩人終生的精神事業。我們既都是寫詩的，還是來說眞話。其實，瘂弦不是「見好就收」，而是在現實中有比寫詩更好的東西吸引住他，那東西便是三十年來直到現在他仍樂於操作的強有力的傳播媒體及較大與較多資源的文藝活動空間——譬如他可長年用「聯副」強大媒體的勢力，策劃海內外（包括大陸）各種文藝活動、舉辦大小型文學會議，而他總是經常當會議主持人；甚至以主席身份出現在名學者、教授與文藝界名流之間，並風光的上每日能向國內外發行一百多萬份的大報，那不但有利提高他作爲一個詩人作家的聲望，而且也建立他文藝界的特殊人脈與社會關係，同時也享受較其他詩人都較好的高薪生活。然而也因此使他忙於文藝活動與現實上的種種「用心」與「應付」，而迫使他那麼年青便放棄寫詩，但「大師級」詩人，怎能張目看著自己已三十年不發表一首詩而活著呢？我們是否也可聯想北京師大任洪淵教授在爲洛夫詩集寫序文章中說過的「可惜有太多詩人過早地死在一本賞試式的詩集裡」的話中，把瘂弦的創作生命也暗示進去。

然而無論如何，這是人面臨存在必須做自我選擇的冷酷的事實。瘂弦自三十年前選擇與艱苦的「詩創作」分居，同有誘惑力的「現實」同居，三十年來不發表一首詩，當他看到「詩神」，該說些什麼呢？當別人仍叫他詩人，他回到內心深處，回想自己做爲「詩人」與「文化人」在現實上的所做所爲，感覺將如何？除了他自己知道，別人也會了解的。當然我們還是在最後說一句公道話，瘂弦雖事實上夠不上大師級作家的稱呼，但他確實寫過傑出（與有待向前繼續發展與博大）的好作品，以及卅年來編聯副，對推展文藝是有苦勞、功勞與實際貢獻的。

一九九七年

觀念對話

——林燿德訪問羅門（本文發表於一九八八年五月份「臺北評論」雜誌）

林燿德：對於你分析出來的「創作新穎性與變化」的四種型態，我想你已經用作品來驗證了：你確然是第四種型態的創作者。

〈第九日的底流〉是一個重大的轉捩點，應爲所有瞭解羅門創作的人所共同體認。於《藍星》版的《第九日的底流》一書，你已將整個思想架構提出——固然在《羅門詩選》中部份作品業經修改。而更令人注意的是，充滿提示的兩大造形：「圓」與「塔」已經「孵」出了！〈塔形的年代〉無疑是書中除〈第九日的底流〉、〈麥堅利堡〉與〈都市之死〉外，一首很重要的詩。我一直認爲你在《第》書以後，一直是一位主知的詩人，不知你自己認爲如何？

在請你對「後現代狀況」發表看法前（這是我們這一次討論的主題），必須很冒昧地要請你就上列說辭提出觀點。

羅　門：你對我創作世界所做概觀性的看法，大體上是對的。的確，我一直在建立我一己文學生命的特殊形態，並在這基型上，去求多向性的變化與擴展，這包括了主題、內容與藝術方法。對我來說，所有存在的一切，無論是生存的時空處境，以及書本智識，乃至文學與藝術的各種流派與主義，都只是我創作前的各種素材，最後都得熔解成爲具有我個人獨特性的創作生命世界。這確與我對「詩與藝術」所持的創作觀有關：

(1)我認爲詩人與藝術家較任何人都應具有全然開放與大容涵的心胸，去面對世界。

(2)我一直認爲只有確實建立獨特非凡的、經得起思想與時空考驗的自我創作風貌，方有被世界重視與追憶的可能。

當自我創作基型，有了潛在的導向，一方面不斷吸取有助於主體成長的新機能；一方面又能使之透過現代（具前衛性與創新性）的時空意識，使作品產生永恆存在的感覺，此刻，文學與藝術，才確實能達到「出入生命水平線」——也就是從「現實」到「超越現實」的雙重世界，去面對我一再強調的：「詩人與藝術家創造人類存在的第三自然」，進而顯示詩與藝術生命永恆的價值與意義。

我特別強調「現代感」——也就是強調創作的新穎與變化。這種變化，因個人內在生命架構及處境的不同，也呈現出不同的形態；譬如不少創作者，雖在創作表現上，有現代感、有變化、有新的技巧花樣，但達不到像王維、杜甫、李白、貝多芬、莎士比亞、里爾克等大作家們深廣型的心境，既缺乏思想深度，便也難有高見度的藝術作爲。

至於你認爲我是屬於主知系統的作家，我便很快地直覺到你指的是思想性的作家；換句話說也就是屬於探索一切存在的內在實覺、實感、實知的作家，我相當同意。

我仍願在此，用我三十年創作的心路歷程來探視與證實「主知」這兩個字深一層的眞義。《曙光》（一九五八年出版）時期的我，是極端狂熱與偏向理想的浪漫型詩人，直到一九六〇年寫了〈第九日的底流〉，我浪漫情感向外噴射的猛烈火焰才轉向內在，而趨於沉靜凝定，同深入的知性結合，從此使我面對世界，一直進行著一種基於知性（思索性）的沉思默想，被推入一個具有深廣度的意象世界——也就是由「思想中的思想」所架構成的想像世界，在詩中追索與感「知」到生命與思想在活動中的美的實體。這中間，既不同於濫情派作家製造缺乏思想性的感情；也非實用派作家，製造缺乏藝術美感的現實效能；而是透過想像與意象的感知力量，在詩中追蹤那具超越性的美的思想。因此我的知性，雖緣自冷靜的體認與觀察，具有理性的思考與知性的判斷，但它必須獲得心的交感與轉化，否則藝術便無法統合人類「理運」與「靈運」兩大生命空間，去引發出由「美」來主導的具有感知性的詩境。

由此可見，我主知的「知性」是建立在能充份與「感性」相互動的世界裡，我甚至在此將「知性」與「感性」的雙向性，同文學藝術世界的「古典」與「浪漫」精神放在一起，來查看在創作中它們之間的一些問題。有人認爲「知性」與「感性」，「古典」與「浪漫」一直是相剋的存在因素，但我認爲大作家是能將它們溶合在一起的。

林燿德：在我的觀察中，五、六〇年代崛起的現代詩人裡，你是直到八〇年代仍然創作不綴，在思想層面繼續擴張領空的一位。至於你將全部生命專一地獻給詩藝的虔誠，更是一個典範。近卅年來，在你的創作歷程中，無論是語言系統、主題取向以及形式構成，都站在一個被堅持的原點，專注地向上生長，向下紮根，向四方發展。你的心靈，就像北歐神話中的宇宙樹一般，支撐起一個羅門式的想像世界。楊牧在《年輪》之後，猶如歷劫的蛹蛻變成蝶；而你的文體卻是一顆不斷成長的巨木，我們所目睹的是持續而有脈絡可尋的壯大和成熟過程。

你是一個大陸性氣候所蘊孕出來的思想型詩人，也是一位「自然法」的使徒。這裡所謂的「自然法」，是指你基於藝術與文學不變的認知和信仰，而探索出來的「眞理」系統，因此你常常提出許多指導創作的「公理」，以及你認爲恆久不易的「法則」，譬如說你一再強調詩與藝術對精神世界的救贖功能，這種看法便來自「詩是美的核心、神之目、上帝的筆名」的信仰上。臺灣詩人像你這樣狂熱地追求創作背後的「宗教倫理」者不多。

羅　門：我幾乎把整個生命，專誠的獻給詩與藝術，同時一直堅持我詩與藝術的生命觀，並一直透過詩與純然的視境來瞭望時空與人存在於宇宙間的眞況與實境，我發覺詩人與藝術家所從事的工作，事實上不是一項輕鬆的行業，詩壇不能夠像電視台製造各種歌星那樣大量地產生的所謂「詩人」，寫詩的確是含有悲劇與宗教性的行爲，因爲詩人與藝術家也是人，而且更應該較一般人具有思想能力與智慧；同時，在整個人生心路歷程上，也應不斷超越現象世界的誘惑，而探向那一直被一般人所不願意去碰的孤寂的內在本質世界，去和超然與永恆的眞實生命接近。的確，詩與藝術這項屬於心靈與精神的作業，若不能向高層次的活動方向提昇，藝術家與詩人的存在，也不會有什麼展望與值得讓人類的內心來永遠地仰慕的。至於那些沈迷於流行性、片面性與浮面性，易引起群衆叫好的作家們，他們往往只是一亮即滅的煙火，不可能蔚爲「星夜」。的確詩人與藝術家，要有像艾略特說的——把血溶到墨汁裡去的精神，而我也曾一再強調過——詩人與藝術家必須像耶穌一樣「在孤寂的時空與年月中」，不斷背著由「美學」與「心境」所交織的那座越來越沉重的十字架。

我一直相信有價值的創作，在那裡都會存在，不好的，放在那裡都沒有存在的價值，我覺得持這種觀念來從事詩與藝術的精神企業，應是準確的。

林燿德：的確，能夠快步地抵達科學家到不了的宇宙邊緣，也惟有詩人可以做到……。那麼我們開始進入主題吧。你對「後現代」思潮有何看法？

羅　門：關於你提到「後現代主義」的問題，這一新的思想體系，我想許多人包括我在內，多少感到某些困惑，因爲後現代主義，究竟做怎麼樣的解釋，才是最得當與完妥？從國內傳播媒體介紹過來的相關資料，好像也難使人全面的了解。

我覺得詩人與藝術家一套上「主義」，人類「存在與變化」的世界，便入框了。譬如我在詩的創作中，從不強調超現實主義，但我卻重視超現實精神的緣發表現；我也不強調「現代主義」，即使有人說我是「現代主義」急先鋒，我也不敢苟同，但我卻非常重視具有前衛性與新創性的現代思想——新的思考方法、新的觀物態度與新的審美角度，確有助於人類的創造與進步。

如果將「後現代主義」改成「後現代情況」，我比較能適應，也有資格參與這項問題的探討。因爲「後現代情況」是一開放性的社會時空狀況，只要你確實能省察到「現代」（主義）思想，在經過「階段性」發展，越來越有某些顯著不同的精神狀況發生時，緊接著「現代」思想之後而呈現出「後現代」的新情況，並能從人類活動現場，發現與掌握到那些確實異於以往的種種實據，則誰都有權利來面對「後現代」，提出一己的看法與感想。但如果是後現代主義，就必須進入特定的範圍，依從「主義」的遊戲規格來談問題，則不是我此刻所能談的。

基於此，我只能試著站在我三十年來從創作經驗中，緣自「第一自然（田園型）」與「第二自然（人爲都市型）」兩大生存空間，透過詩與藝術轉化所開拓的「內心第三自然」那無限地擴展的N度活動空間——這一觀看台上，來看後現代情況，表示我個人帶有批判性的觀感。

後現代的建築將現代都市空間解體，重建新的造型空間，納入（仿製）歷史與傳統的陳蹟，以拚湊（COLLAGE）藝術手法，將古典的圓頂、拱門、窗臺、碉堡、亭塔……與現代建材結合，甚至將田園的大樹移入室內等，以反常態的結合，強調極端新異的直覺造型效果，使視覺空間，像是任意裝進各色各樣不同性質糖果的什錦果盤。後現代文學，也是將有深入內涵性的主體解構，使一切脫離中心，讓任意向外延伸的諸多新異性與實在性的枝節片斷，均成爲個別的主體，組合與陳列在一起。這種排除「主體」、「重心」的創作意念，同大家慣說的「現代主義」作家不斷探索特殊自我、精神顛峰狀態與本質存在的創作意念，顯有很大的不同，甚至形成兩極化的主張。因此我認爲如果有「現代」與「後現代」的不同情況產生，便可能是界定在這一條顯著的分界線上。

此刻我暫不談在這一條分界線兩邊從事藝術與文學的創作者，他們詳細的作業情形，因爲現代與後現代並非是一刀兩斷分開存在的孤立體，創作者也都多有兩邊跨界的情形，何況現代與後現代之間，在目前仍是一錯綜複雜、拉扯、交纏不清的問題。

其實我比較重視歐美後現代思想大師們談到的兩項關鍵性的問題：

⑴傑克德希達（JACQUES DERRIDA）提出「解構主義」。

⑵詹明信（F. HAMESON）對當前整個人類存在世界所做的可慮的裁決——目前，人類已活在沒有深度、崇高點，以及對歷史遺忘的狀況下。

對於德希達，我將它置入我在「第三自然」觀視人類生命眞實活動過程的掃瞄鏡中，不能不客觀地指出它的實存性。的確當人類在以往生活中，極力企求各式各樣的「權威性」、「絕對性」、「完美性」與精神存在的「頂峰」世界，大多換來不同的苦痛，常不如意，而且生活得太費心，乾脆將眼睛放低下來看，除去一切不變的規範與偶像所加的負荷力與約束力，讓生存空間一直清除與「空」到〇度的位置，讓新起的一切排除舊有，自由任意的進出，建立新的空間秩序與生存情況。在這樣「前」與「後」、「新」與「舊」隨著文明的外來變力，進行快速便捷的交接之間，「新」來的力量固能將後面「舊」的存在突破與解構重建，但並非全面否定；而是必須確實具有超越舊有的實力，且能繼續變成「螺旋狀」推進的爬昇力。否則將失去累積與連貫的建設效益；而使人類所不斷努力創造的世界，像用了便丟的保特瓶罐。

我不擔心將世界與生存的空間解構，推到〇的虛空（虛無）的位置，世上許多大思想家也一直與「虛空（虛無）」在一起下「圍棋」。我是擔心從〇重新走出來的，究竟是掙脫一切約束、自由自在、往來於「內心第三自然」與永恆基型中的新的「老莊」；還是無知地否定一切、在都市文明熱鬧街頭混混的「嬉皮」？這涉及解構後重建的品質與內涵的問題。

詹明信指認在後現代，人目前已活在沒有深度、崇高點以及對歷史遺忘的平淡世界中，這一點，在我「內心第三自然」對人類生命眞實活動的掃瞄鏡中，那確是目前存在的事實；但我認爲那絕不是人存在的永久信念、眞理與指標。

的確，人類逐漸被「速度」、「物質化」與「行動化」的生存處境打敗了，尤其被「速度」打垮，正是事實。

在農業社會，牛車走的速度很慢，它在寧靜廣闊的大自然裡走，走一步，人可停下來，有時間靜觀生命與大自然是如何進入「山色有無中」的形上精神境界。工業革命後，蒸汽機、汽車、飛機、太空梭接連湧現，加入人類的生活，速度加快了，人從田園走進都市，建築物圍攏來，就在街口把天空與原野吃掉。一種存在的焦急感、緊張、動亂、與空間的壓迫感，使人內在產生潛意識的抑壓作用。

人類在第二次大戰中受到的苦難，又被送到都市快速的機械齒輪上再絞痛一次。尼采慫恿人將自我存在的主權從上帝的手中拿回來；於是一種抗力從內心激發出來，促使人對存在價值的探求往深廣度提昇。文學家與藝術家雖已開始對所謂永恆與崇高的內在世界，提出質疑，但卻沒有放棄對內在精神世界進行嚴肅的探索與開拓。

此一不同於田園型的特殊生存空間與情況的階段，或許就是大家所謂的「現代」情況。當火箭、太空船與電腦與光電科技資訊，不斷出現，將人類推入高速的生活環境，人便被越來越快的「速度」，越來越發達的「物質性」與越來越偏重的「行動化」，一層層的捆縛，甚至一層層的覆蓋與掩埋，直到內在完全失去省思、靜觀與轉化能力，「空靈」變爲「靈空」爲止，人的內在便完全失去「現代」情況期間，對「速度」、「物質化」與「行動化」等重壓所表現的質疑反抗；而呈現無力感，甚至被動的全面接受。這可從人們目前的生活層面上獲得證明。

當一群人急急衝過斑馬線、湧進餐廳、服飾店、百貨公司、超級市場、MTV、悠閒中心、酒吧……大街上千萬車輛追趕著速度……「世界」擁擠在物堆裡、喘息在速度中，尤其是當掃瞄鏡照入卡拉OK、一大群人用腳拚命的跳，用嘴拚命的叫，使身體拚命的擺動，這些現象在在揭發，人的確在「後現代」裡，被「高速度」、「物質化」、「行動化」全力擒住不放。

像這樣，那裡來的精神「深度」、心靈的「崇高點」？當這一秒鐘還未定下來，另一秒鐘已把另一些事情塞給你，你如何去回顧背後的「歷史」？在後現代，一切都推給科技資訊，交給可見的影像，交給直接經驗，大多數人是去看MTV、看女人、看高品質的流行服飾、看大廈的室內裝璜、看鈔票，還是去看埋在文字堆裡連智識份子與所謂文化人都難以找到也不太想去找的豪華意象——精神境界？像這樣，便多麼有利於詹明信在「後現代」這階段性的時空位置上，將人類裁決爲「沒有深度、崇高點」以及對「歷史遺忘」的人，我對他所做的指認確是有同感的。

這個冷酷的事實，在我「第三自然」的掃瞄鏡內，也不能不承認它的存在，只是我不能承認它是人類存在永遠持信的導向與眞理。而且我仍然相信詹明信筆下所裁決的那個失去形上昇力的人，送到詩人與藝術家長年居住的故鄉「第三自然」去療養，是可望恢復的。

因爲，經由詩人「觀察」→「體認」→「感受」→「轉化」→「昇華」的思想運作過程，使「第一自然」與「第二自然」的現實生存空間，轉化爲「內心的第三自然」，便能產生形而上的昇力，使我們站在「東籬下」不但能看見「菊花」，尚可看見陶淵明的「南山」；站在寒江邊，不但能看到柳宗元在釣魚，也可看到柳宗元在釣雪——在釣整個宇宙荒寒孤寂的感覺。如果人類眞的一直被「高速度」、「物質化」與「行動化」封鎖在詹明信指控的沒有「深度」、「崇高點」以及「對歷史遺忘」的「冷式」世界中，人類內在熱動與靈動以及充滿潤化力的「暖式」世界，便將關閉，通往「內心第三自然」之道也因而中斷，則詩人與藝術家也無路回到自己的家——「第三自然」，逗留在急變的現象中被冷落，只爲客觀現實做浮面流行的抄寫工作，甚至離職與失業。

在詩人與藝術家居住的「第三自然」全然開放的N度空間裡，潛藏有下面兩項重大的資源：

(1)時間造型觀念的統化力：「第三自然」雖也承認高速發展的現代文明所呈現的「存在與變化」，但它對現代文明所強調「存在與變化」帶來的冷漠否定與切斷情形，有意見。它是將「現代」兩字的「時間感」，視爲「這一秒」與「下一秒」相溶合、整體存在成一「前進中的永恆」時刻。它不但含有「存在與變化」的進步狀態；而且流露出超越文明的「文化性」與「歷史性」；不像現代文明所掌握的「存在與變化」，是進行不停的割棄、淹沒與遺忘。

這樣看來，「第三自然」所呈現整體性的時間觀念造型，對於被現代文明高速齒輪輾成碎片的生命與時間，具有重新統合的力量。

(2)空間造型的統化力：「第三自然」緣自「觀察」→「體驗」→「感受」→「轉化」→「昇華」的思想運作過程，這之間，因「轉化」與「昇華」的潛在形態，含有迴旋變化的「圓形」，也含有向頂端玄昇的「直展形」，兩者在互動中溶合成爲一螺旋塔的空間造形世界。既有向前上突破的尖端；也有變化與衍生的圓底。這樣，世界便不會只單向跑在物質文明高速前進的緊張、僵冷與單一的平面與直線上；也不會只重複地繞著一個安定不變的圓在轉；這樣，人類智慧的創造，便沿著螺旋形不斷的爬昇，有延續的歷史感。

存在於「第三自然」中的「螺旋型」世界，既有旋上去的無限頂端；也有旋進去看不見底的深層，以及有連貫性發展的脈胳與軌跡。以我的「第三自然」觀，面對詹明信指控後現代出現沒有「深度」、「崇高點」以及「對歷史遺忘」等存在狀態時，應可獲得改善的答案。

事實上，誰會相信：世界上只有隨著天氣變化而東飄西盪的浪面，而沒有深沈（「深度」）海底的海；只有低高度的山腳與山腰而沒有山頂（「崇高點」）的山；只有「現在」而沒有連結「過去」與「未來」之間的連線存在。

我站在「第三自然」的螺旋型世界裡，認爲詩人與藝術家既是開拓人類內在更深廣的視聽世界，則應該反對「浮面」、「淺薄」與「流行性」的氾濫，並繼續在詩中探索與建立一個具有「美」的深度與不斷向頂端爬昇的創作世界，這個世界對我而言，確實有「現實」與「永恆」的雙重實在性，並永遠存在於詩與藝術創作的永恆架構中。

【後記】九年前的這篇訪問，其中的思想觀念，現在看來，似乎仍一直在觀察著後現代的生活現象面，以及「流行」與「嚴肅」相勃的分面創作動向。

傳統、現代與後現代訪談錄

——北京陳旭光訪問羅門

陳旭光：羅門先生，這次由國內幾家學術與文化大單位合辦，在北京大學隆重舉行的「羅門、蓉子創作世界學術研討會暨《羅門、蓉子文學創作系列》推介禮」，已告閉幕。在北京召開如此大規模的臺灣詩人研討會可以說是第一次，不知您對此次會議評價如何？您收穫如何？感想如何？

羅　門：非常感謝此次會議各主辦、協辦單位的熱情和所付出的辛苦。此次研討會相當成功，相當有水準。在一流學府舉行，又適逢這套《羅門、蓉子文學創作系列》由一流出版社出版，會議集中來了大批優秀的學者、詩人、詩評家，這都使我感到非常榮幸。他們對我和蓉子詩歌做多維度多層面的深入探討以及談論和評價，都具真知卓見，洋溢著滿腔熱情，對我們未來更進一步的創作，確有一種激化和勉勵的作用。

陳旭光：藉此機會，我想就您的詩歌創作、理論思考及某些帶有普遍意義的問題，作些深入的訪談。首先，我想從現代詩創作與傳統的關係談起。在討論會發言中，我曾談到讀您的詩歌對我感觸最深，也可能對大陸詩壇最具有啓示意義的，是您的詩歌所表現出來的無庸置疑的「現代性」，在您的詩歌中，絲毫感受不到「古典的陰影」，那些平素很難入詩，與素習的古典詩美原則似乎有悖的現代審美觀念、思維方式，感覺經驗，現代科技和資訊文明所帶來的力感、速度感、空間感等新鮮的感性和微妙的現代感等東西，都在您的詩中獲得了令人震撼的詩化表現。這或許是您的如穆旦那樣「對於古代經典的徹底無知」（王佐良語），但又似乎不盡然，我又不難幡然領悟您詩中的帶有古典意味的「禪機」和「理趣」，恰如您曾在一篇文章中言及，您的「咖啡將你沖入最寂寞的下午」的詩句其實深得「黃河之水天上來」之妙。

羅門：你的問題正好切入了一個現代詩人的創造力進入新境的問題。一個創作者，尤其是詩人極其重要的素質是原創性，這種原創性事實上不可能跟過去，跟傳統毫無關係，當然也不可能重複傳統。因古詩人處在田園社會，同大自然對話的心境和現代詩人處在高度都市文明社會，同大自然對話的心境與美感經驗，是不可能一樣的。對我自己來講，自創作以來，我一直追求個人特殊的思考與語路，追求原創性，而這也很自然地把傳統有用的和精要的東西吸納進去，成爲我創作整體生命中的有機的元素；我是採取有機地吸取與提升我國古典詩高品質的詩素，如詩的精純性、律動感、深度、意境，將之轉化入現代詩的創作世界，因此我認爲做爲一個現代詩人，不能停步在不變的傳統中，應對現代新存在處境有銳敏的觀察力、透視力與「現代感」，去發覺詩語言所面臨的新環境及在創作上所發生的一切新的可能性，以便在創作中，運用最確切與有機的語言媒體；也就是說，現代詩人接受傳統是基於本質而非形態的，是站在自己有魄力與勇於將「古、今、中、外」以及一切溶解入自己這一瞬間的絕對的「我」之中，去重新主宰著一切的存在與活動，以不同於傳統古典詩的新形態出現，並使之同人類永恆的生命感覺發生關聯。終究完美與卓越的事物，最後總是開放給全人類共享的，也絕限制不了它的範圍。因此詩人與藝術家的創作理念，應有膽識把存在的時空與過去美好的一切，當作創作有利的材料，同時便也不能不持開放的世界觀。說到此，我想舉出詩的例子來做證明：

譬如人類想跨越茫茫的時空，進入無限的生存之境，但都終歸覺得有達不到的無力感，於是令使古代詩人陳子昂寫：「前不見古人，後不見來者，念天地之悠悠，獨愴然而涕下。」……形成存在於時空阻力中的困境

英國當代名詩人拉肯寫：「前面沒有東西　腳跨過去　後邊的門　砰然關上」……也形成存在於時空斷層中的困境

在兩位詩人之後，也有另一位現代詩人寫推「窗」，望向無限時空的詩句：「猛力一推　竟被反鎖在走不出去的透明裡」……也形成存在於茫茫中的困境，本來推開層層無形有形的窗的阻力，是爲進入無阻無限的自由「透明」的世界，結果透明反而是一個更巨大的走不出去的存在困境。

由此可見三位詩人，都是超越時空與國界抱持開放的世界觀表現人在無限時空強大阻力中受困的心境，給世界全人類來共賞的；同時第三位詩人似乎是無形中將前兩者同中有異的詩思與語境，推入仍然同中有異但具緣發性的語境與心境，進而創造出具有新的語態、語感、語氣與語能的詩境，因而可見詩的確是一種緣自個人特殊原創力與不斷超越的卓越思想與新衛前穎的藝術觀念來創造的。

陳旭光：記得林毓生曾倡揚對傳統實施「創造性轉化」，我想，您也是致力於這樣做的。由於我們的傳統實在過於偉大，也過於沉重厚積，現代詩人往往只是略微尊重傳統，就反而爲其所累。現代詩歌史上經常「復古」的思潮，因強調古典詩歌和民歌體傳統對新詩發展造成的倒退和損傷就是一個教訓。而您不諱言傳統，又超越於傳統，實源於您絕對的現代立場和開闊的胸襟。您曾說過：作爲一個具有創造和展望的中國現代詩人，他首先應是一個領受過中國有機傳統文化的中國人。「現代」對於一個創作來說，便是此刻他站定的坐標點，於創作時確實的面對過去（傳統）與未來。

羅　門：是的，讓我們從容地談一下這個同詩人創作非常有關與至為關鍵性的傳統問題。我發現詩人在創作中，已勢必面對下列傳統的五種態度，而這五種不同的態度，將決定他們創作思想的位置，乃至未來創作的前途。現就接下來談這五種不同的態度：

第一種——死抱住傳統，把「故宮」的門關上，只看「櫥窗」內的「山水」，不看明天的太陽是如何將大自然不同的風景，送進人們的眼睛；也就是說不同「現代」對話，採取封閉式的保守觀念，如此顯已失去創造力與創新力，也失去創作者的身份，是可見的。

第二種——抱住「傳統」的大包袱，走上「現代」的高速公路，顯有壓力與阻力以及顧前顧後、缺乏突破性與前衛性，而勢必形成不新不舊的創作情況，也是可見的。

第三種——從「傳統」走進「現代」，「傳統」與「現代」有相交通相脈動的可見的連線，不完全切斷「傳統」，構成仍含有「傳統」形質而呈現推陳出新的創作形態，雖然仍難免受「傳統」的牽制力，腳步不夠快速，但能保持中和、穩健的前進步調，在表現上確也有好的一面。

第四種——站在「現代」眞實的存在時空位置，以全然開放的自由心靈，吸取與提昇「傳統」與非傳統（乃至世界所有的一切）的有機質素、機能與精華，建構能觀視「現在」、「過去」與「未來」的全面開放的新的視野，而盡量排除對藝術自由創作有任何有形與無形的制約力，這樣似更有利藝術家在創作時的自由度與有更好的時機與更多的可能去創造具突破性與新穎獨特甚至「從未見過」的藝術奇蹟。

第五種——只抓住「現在」存在與變化的過程及眼前流行的「新奇」，使過去的「傳統」與「現代」之間沒有必要的接合點，甚至斷層，至於未來的一切，只要它來，便跟著就變、就新；可謂是不停的標新立異，見到「傳統」就反，缺乏歷史感、缺乏深度，也留下可見的疑點與問號。

陳旭光：從您的創作看來您似乎是傾向於第四種吧？可否特別的說明一下。

羅　門：不完全是，我是站在第三種和第四種之間，較偏於第四種。理由是我既強調創作中的原創力、創新性與前衛意識，便不可能採取上述的第一、第二種態度，再就是我認爲一個眞正的藝術家與詩人，應具有全面開放的心胸與世界觀，極力排除所有無形與有形的制約力，方能達到藝術家在創作的內心世界中是確實能拿到「上帝」通行證與信用卡的全然自由的創作者，我雖然也同意第三種態度的中道、穩健性與可爲性，但第四種確更能滿足做爲詩人與藝術家自由廣闊的創作意願，並突破所有的制約力，全然抓住藝術生命充份與絕對自由的本源。至於我不會輕易的採取目前大家一窩蜂追求「流行」的第五種，那是由於我堅信詩人與藝術家做爲「人」的存在，不能不具有「人文」與「人本」精神；對於歷史與傳統，不能沒有反思的能力，而且不能不重視存在思想的「深度」，因爲沒有深度就像後現代學者王岳川所說人類與一切的存在，將沒有「地基」，會流失；若沒有「歷史感」，我認爲人類與所有生命的存在，都將成爲鐘錶與機械齒輪下的碎片。可見偏向第四種，應是較理想的態度，因既可保持深度，也可有機的吸納傳統，又可展開世界觀的廣闊的創作視野以達到絕對自由與自我獨特性的創作精神理念。此刻我們稍用一點心思便可覺識到藝術大師畢卡索採取三六〇度掃瞄的觀點——將「對象」與「媒介」放在經過藝術選擇的「美」的觀視中化解，然後予以整合再現，這或許能夠有效實施傳統的「創造性轉化」甚至擴張傳統。事實上當古詩人寫「江流天地外／山色有無中」，同我被現代科技文明的產物「飛機」，帶到無江水山色的三萬呎高空，寫下「問時間／春夏秋冬都在睡／問空間／東南西北都跑掉／世界空在那裡／太空船能運回多少天空／多少渺茫茫」；古詩人寫的「好風似水」同我寫的「落葉是風的椅子」；古詩人寫的「大漠孤煙直長河落日圓」，同我寫的曠野，將曠野當作走動的自然生命體來寫的「你隨天空闊過去，帶遙遠入寧靜」，以及寫「海握著浪刀／把水平線越雕越細」、「雲帶著海散步」、「遙望較煙雲遠」、「樓梯口一雙鞋／天窗外一朵雲」、「站在頂樓／一遠看／腳已踏在雲上」、「張開雙手／天空較翅膀輕」……這些詩例很明顯是在說明現代詩人並沒有排除傳統古典詩所強調的意境以及語言的意涵與純度，那只是因現代新的存在時空環境，使詩人創造出同現代人思維較接近，同古代人則同有異的新的美感經驗空間。這也就是你在這項問題中說的「實行傳統的『創造性轉化』」。

陳旭光：理當如此。順便我想問一下您對臺灣五十年代以來的「現代詩運動」是怎樣看法？對您的啓迪影響大嗎？紀弦當年曾提出「橫的移植」的口號。我個人認爲，這個口號雖有明顯的偏頗，但對「現代詩運動」功不可沒，它使臺灣現代詩的整體水準超過了大陸，如果以「現代性」作爲中國現代詩的自然的標準的話，更是如此。

羅　門：首先我要說的，臺灣五十年代以來的現代詩運，我是持正面的看法，主要的，是因它在追求詩的現代化思想與新的創造力。當然在這方面，紀弦提倡的「現代派」，是有可見的價值與意義的，雖也因他在主張的多項信條中，強調橫的移植，多少引起爭議與有某些盲點，但畢竟對臺灣現代詩的開拓工作是有貢獻的。不過在此我也必須進一步的說明，臺灣現代詩（乃至後現代詩）創作眞正的現代精神內涵意識，除了紀弦先生在提倡「現代派」所宣告的現代詩創作信條有所指陳，我認爲更重要的，應是現代詩人，不斷從現代「都市（物質）文明」中體驗到現代生存的現代感、新的觀物態度、新的思維、新的想像與心象的活動空間，以及創作上同時採用應變的藝術表現手法，使特別具有現代感與現代思想性的「都市詩」的興起，而加強凸現與具體化「現代詩」確實的現代精神意識內涵及其藝術思想實質的形體與風貌，在此可引用李正治教授在一九八七年二月出版的「文訊」雜誌上發表的論文〈新詩未來開展的根源問題〉中所說的一段話：「如果以『現代性』爲新詩發展的一個正確走向，那麼羅門的一段話正可作爲『現代詩』的宣言：『由於現代生活引發新的物境與心境，使我們的經驗世界斷然有了新的變故，加上知識的爆發，使我們對外在世界的觀察與認知也有新的變故，這都在在推動詩人去表現一個異於往昔形態的創作世界，這並不含有背棄傳統，這只是必須向前創作新的傳統。』站在這個基點上，我們才可能更正確地看新詩開展的一些問題……」。至於你說「現代詩運動」對我的影響，我認爲應說「現代詩」同我個人特殊的創作關係較貼切。的確，在談到我寫現代詩，那是基於我特別熱中於現代人生存的眞實環境以及思想的活動空間；同時又由於我一開始步上詩壇，便是以非常強烈的浪漫激情與至爲強烈的自我意識出現，後來便也順乎一己內心感受的移變，而自然採取較強勢的「現代詩」這一新穎的詩型來建立自己獨特的現代詩創作風貌，也因此曾被寫評者指稱爲「現代主義的急先鋒」、「現代詩的守護神」，我雖愧不敢當，但多少也有些理由。事實上，如果在我潛在的創作生命中，有受到特別影響的地方，那麼是來自貝多芬與莫札特的音樂，他倆一直給我「美」的不可思議的生命震撼力，使我無論在過去現代與後現代乃至未來的生存時空，面對一切存在，都因此找到那來自我內心深層世界潛在的觸及與爆發點，這的確使我著迷與嚮往。所以了解我的人都會覺得無論是從我詩中甚至從我的論文中發出來的聲音，都帶有我個人特殊的思考與強烈的個人色彩。至於紀弦先生的「現代派」提出後，他本人後來曾一度要取銷「現代派」，可見他的「現代派」同我偏持「現代」都市文明引發的存在思想與精神所影響下的現代詩之間，仍有差異性與存留有不完全一樣的理念與言談空間。但無論如何，他提出的「現代派」這三個字的觀念，就顯有創建性的歷史意義。

陳旭光：您剛才說的第五種接受傳統的態度似乎有點後現代的思想，我不妨順便問一下，您對後現代詩的看法如何？

羅　門：如果從後現代現象來看，有不少人採取流行、沒有深度、沒有歷史感、只要我高興有什麼不可以的存在思想，的確他們便是以上述的第五種態度來對待過去、傳統與未來。結果便難免使現代詩朝向浮面、薄片式與熱鬧性的「消費」甚至「地攤」型的創作情況發展，形成文學價值失控與錯位的現象，是令人疑慮甚至指責的。其實從另一個方向看，後現代詩的創作，若採取上述對待傳統的第四種態度，應是有其創作正面與被肯定的價值導向，必須做深一層的思考與論斷，在我看來，它主要是建立在三個具功能性的創作思考模式中。

(一)後現代採取超達達精神，對一切存在進行全面澈底的「解構」以達到：

(1)打通古、今、中、外的時空範疇。

(2)打通「田園」與「都市」與「太空」的生存時空環境。

(3)打通科技與人文空間的雙向交流。

(4)使所有存在於世界上的材質與媒體都可進入創作的工地被自由的採用。

(5)使所有的藝術主義與流派都可進入創作工地被自由的使用。

這樣，後現代創作便的確帶給創作更豐富與無限的資源與自由的空間，讓創作者在創作中已眞的拿到造物的通行證與信用卡，是值得大家來高聲喝采的。

㈡後現代採取能相互動的有效的「組合」與「拼湊」（COLLAGE）藝術手段，使第一項所展現多維度、多向度、多元性的衆多自由存在的一切，能確實經由「組合」與「拼湊」的聚合力，進入共同存在的創作結構形體而成爲多面體的藝術品。

㈢後現代採取環境藝術（ENVIRONMENTS ART）要求存在的一切，必須有機地「美」在整體存在的呼應中；如此，方可在組合與拼湊的過程中，使所有個別的存在都能在精密細微的有機的互動中，進入生命共同存在的體系，成爲整體的生命存在，而凸現在共同的美的藝術空間中，不致於使創作世界出現各自存在毫無關連的亂象，甚至形成斷裂的崩盤狀況。

上述這三個具特殊性的創作思考模式，如果後現代詩能切實實行，又能不放棄創作思想的深度與歷史感，又能確實採取對待傳統的第四種態度，我想這樣的後現代詩，應該像是把過去有光輝成就的現代詩當做一座「太陽」來解構，解構後的那許多太陽碎片，仍是各個閃爍的太陽，在拼湊與環境藝術的互動中，連結成一個有新秩序美的太陽系，那豈不更加的燦爛與耀目而值得讚美。但反之，便很可能是一個被解構打破的玻璃瓶，四處閃著刺目不忍睹的破玻璃片：就像你認爲那是站在對待傳統不敬的第五種態度中，所寫的那些令人疑慮的所謂後現代詩，確造成現代詩亂象與價值錯位的不良情況。

本來對傳統採取必要的批判和解構策略是應該的，但若是光解構，不重建，而且毫無中心，主體性完全消解了，就會變成空洞化和虛無。其實，我向來傾向於談後現代情況，而不是後現代主義。因為後現代情況是一個開放性的思想領域，後現代主義則可能是理論概括出來的條條。比如三十年前，根本沒有談什麼後現代創作上解構與拼貼的觀念，在創作上我已經開始不自覺地實踐。如《麥堅利堡》詩中的「神來過，敬仰來過，汽車與都市也來過／而斯密斯威廉斯你們是不來也不去了。」這段詩的前一句，顯然已在使用後現代的「解構」與「拼貼」的創作意念與手段，使「神」、「敬仰」、「都市與汽車」等「形上形下」的世界都不相干地從四面八方拼湊在一起，爭吵在一起。（陳插語：這形成了一種「衆聲喧嘩」的多元化的效果。）越是爭吵便把悲劇的情景吵出來；又如《曠野》以可獨立的短詩，拼合到一首具有架構的長詩裡去，也顯有後現代詩創作的傾向。

陳旭光：從我的閱讀感覺說，您的大部分長詩更具現代主義精神，早期的詩作則不乏浪漫主義色彩，有些長詩或許是思想太深沉凝重，讀起來還會略覺晦澀。相反，您的後期詩歌，特別是那些短詩，往往相對完整，具有片斷和切面的感官效果，既讓讀者毫不費力接地受，又在讀後頗可咀嚼，這能不能理解爲您的創作面對後現代狀況的某種調整和批判性吸收。

羅　門：我覺得一個詩人應該有打破一切條條框框去吸取一切能爲他所用的東西的勇氣和氣魄，因此，我不在乎現代還是後現代，我只希望自己站在生存的眞實時空裡，用畢加索三六〇度的掃描鏡，把古今中外都當作材料，無論東西方，只要對詩有用，都是我的資源。至於我長詩含有有某些晦澀，或許是由於緩自內在深層世界的形而上性與「象徵」所引發的朦朧情景，至於短詩，因較切入對象的「現實」場景以及抓住較明確的有效焦距與焦點，對讀者接受與解讀似乎較容易掌握，但我仍覺得長詩中，有時所呈現的某些隱秘的晦澀是反而帶有思索的奧秘感與誘惑力的。

陳旭光：的確，您的直面生存、注重「當下」、「此時」的精神向度無疑暗合後現代思想。然而，您的強烈的現實批判精神、厚實的人文氣質、重建理性價值的信心，又使您的詩更接近現代主義。林燿德先生也曾認爲，羅門相信文學意義的確定性、以及作者本身經驗範疇的無遠弗屆，後現代那一套閱讀多元化，以及後結構主義者宣稱的「作者之死」自然成爲羅門所無法接受的言談。因此，我覺得，面對您的博大深沉的詩歌藝術世界，理論、術語將不能不表現出蒼白和貧弱，難免給人以削足適履之感。最後，我想請教您對這個現代文明社會裡詩歌的前途和命運的看法。

羅　門：對我而言，緣自博大深沉與具有人文氣質重建理性價值信心，以及強烈的現實批判精神的現代主義思想所形成的詩歌藝術世界理論，確是藝術創作者思想的龐大而深厚的不能完全割棄的歷史資源；後現代想完全否定，林燿德也曾疑慮的說過：後現代會因此餓死。可見我仍重視現代存在思想所曾建構的精神實力，是爲防避後現代往沒有深度與浮面淺薄的世界滑蹓。至於你提到詩在現代文明社會中的前途，我覺得在現代都市物質文明的生存環境中，以古老的文字作爲自己的傳播媒介的文學，顯然已處於較不利的地位。而詩又是文學中最爲精純與嚴謹的文學模式，詩和詩人恐怕都要耐得住寂寞。在後現代有人認爲作家已死，詩也將死，但我並不那麼認爲，理由很簡單，只要有人指說這個作品，是那個作家作的，作家便已存在，作家如果寫的作品是永恆不朽的，他便也永遠存在與不死；只要世界上仍有一個人在寫詩，詩便不會死；除非文字與人的想像都死，詩永不會死；詩死了，時空與人類的內在世界，即使不瞎也會失去最美的看見。所以我並不悲觀，因爲，人還存在，人的心靈還會存在。詩可能適應生存環境，有時可能會同其它媒體結合，但詩歌作爲語言藝術的本質，它的內在超越的精神力量是無可替代的。我曾經說過，將詩與藝術從人類的生命裡放逐出去，那便等於將花朵殺害，然後來尋找春天的含義；而且我深信無論是任何年代包括後現代的後現代的新的現代的詩，都將永遠堅持詩思的深度與高度，以進入事物與世界存在的深處，予以審視、反應與進行批判；我不認爲詩與藝術只是媒體的遊戲；它應是使「生命」與「媒體」一起玩的，不然會玩空掉，不能確實的感動人與使人震撼；同樣的，後現代所引發與帶來的「低見度」的商業文化現象，呈現流行、薄片缺乏精神與思想深度的寫作情況，雖有其存在的適當性與較大的市場，但也絕非確實有智慧有覺識有深層思考的文學家與藝術家所能認同與採取的創作動向，我們深信「文學」的本身，也不會同意消費式的文學是最好與理想的文學之道。後現代創作仍必須重視文學在不同的時空中所不斷表現出作品確實感人的耐思度，以及存在新的深度與高度。其實理由也很簡單，因爲沒有深度，海也不會同意；沒有高度，山也不會同意；就是摩天樓，沒有深厚的地基與「摩天」的高度，可以嗎？何況是創造那座存在於永恆時空的偉大的藝術與文學的生命建築。事實上，「詩」是人類終極存在的最可靠的希望，是人類所有各種類型創造的智慧之庫的鑰匙，是解讀生命與世界的最佳力量，「詩」絕不會死，除非人全死了，我對「詩」充滿永不終止的信心。或許使用來包裝與表現詩存在的媒介與形式有隨年代有所調整與更變，但絕不能把「詩」生命的深度與高度的存在精神思想內涵在「存在與變化」的生存時空中抽空。因而我們確信偏向後現代流行的「消費文學」，雖嘩衆有較大的流行空間，但它只能像展放的煙火，炫耀一時，勢必隨時死滅在它的光速裡；至於繼續堅持思想深度、有人文人本精神與形而上性性的創作，將會昇越成爲永遠被世人注目的星空，所以最重要的問題在最後在理性的探究中，是必能獲得可信的解答；那就是無論是標上「古典」、「現代」、「後現代」、「後後現代」、「消費」或「純文學」……等各類名稱的文學尤其是詩，有一樣是永遠必須具備與不可缺的，它便是上面所強調的文學作品的主體性——感動人類生命的思想深度。這也就是說無論古今中外所有的文學作家，從田埂路到石板路到洋灰路到柏油馬路，到目前大家趕上的網路，都不能不確實的帶著有深度的心靈與思想上路，而絕不能只帶流行的花樣與耍巧的藝術空殼上路；因爲眞正好的文學作品，絕對是有思想「深度」能將生命與世界帶進「前進中的永恆」的「美」的感人作品。我想只有做如此觀，方可能使文學與詩的存在價值觀，產生一種具宗教的嚮往與追求，不致於將生命投進沒有終極意義的空洞與荒謬的創作航向中。當然這只是我個人處在後現代，面對人與藝術的生命存在地層有滑動與變化的情況下，所表示的基本態度與觀感，整體上，我確信詩與藝術永遠是人存在的高度指望，無論在現代、後現代、後後現代的新的現代，永遠有創作的光輝前途。同時我確信在衣吃住行都解決之後，只有詩與藝術能澈底與有效的救人類。

【註】本文是北京大學、清華大學、海南大學、中國藝術研究院中國文化研究所、中國社會科學出版社、「詩探索」雜誌社……聯合籌辦在北京大學舉行的「羅門蓉子系列書出版發表會」期間，所安排的訪談，由北大博士班研究生陳旭光訪問羅門。

學者、評論家、詩人、作家對羅門理論創作世界的評語

●評論家蔡源煌教授說：羅門講的「第三自然」，自己也喜歡塑造象徵的形象，這個形象就代表某種精神境界，長期把它呈現出來就可以形成一種體系。（見一九八九年九月一日《新詩學報》）

●前輩藝評家虞君質教授在世時讀羅門的詩文寫出：「我喜歡羅門的『麥堅利堡』，更欽佩羅門對『現代人悲劇精神』的闡釋」。（見一九七一年《藍星年刊》）

●詩人張錯一九七一年在美國唸博士學位時說：「我在臺灣時看到文壇名家的文章，眞給嚇倒了，現在卻不……，倒是羅門的幾篇論文比較Original」。

●詩人張健教授在五十三年廿期「現代文學」上說：「羅門的『現代人的悲劇精神與現代詩人』可推爲年來詩壇罕見的詩論」。

●詩人蘇凌在當時也說：「羅門的『心靈訪問記』是我這幾年來看到的最好的一篇，有關於詩與哲學的思考等的中國創作。」（見一九七一年《藍星年刊》）

●詩評家周伯乃在彙編「當代中國文學批評選」時曾說：「在來稿中，羅門的那篇大作『現代人的悲劇精神與現代詩人』是壓軸的傑作，無論對詩對人性都有了澈底的批判，我很欽佩那篇文章」。（見一九七一年《藍星年刊》）

●詩人洛夫在出版「石室的死亡」詩集之後，讀羅門的論文說：「羅門的論文並不是一種純客觀的論文，有點近乎紀德與愛默生的散文，因它的啓示性較論說爲多，今天在臺灣寫這一型文章的，羅門還眞是數一數二的。其實羅門的心聲也是大多數具有自覺的現代人的心聲……」。（見一九七一年《藍星年刊》）

●詩人張默主編的「現代詩人書簡」對羅門的「心靈訪問記」那篇文章發表意見說：「『心靈訪問記』無疑會成爲一篇重要的文獻，作者提出現代詩人的七個問題……作者對每一個問題，均穿透自己的靈視，作了相當精闢的解說，使人讀後不難感知他射噴的精神逼力是如何深厚」。（見一九七一年《藍星年刊》）

●詩人兼畫家林興華說：「我是那麼感動於羅門的『心靈訪問』，它是多麼能引發人的深思，在國內這方面，推羅門爲一把交椅是無疑了。羅門的著作，我幾乎嗅到一股『劍氣』，宣言式的字句、格言式的言語，直搗吾們的心房，一擊而心痛半輩子……」（見一九七一年《藍星年刊》）

●散文作家林文義讀羅門「時空的回聲」後，寫著：「『時空的回聲』實在是現今詩壇最有氣魄的論文集，羅門將因這本鉅作而不朽，我被它深切的感動了……」。（見一九七一年《藍星年刊》）

●評論家李正治教授在論文——〈新詩未來開展的根源問題〉中寫道：「如果以「現代性」爲新詩發展的一個正確走向，那麼羅門的一段話正可作爲「現代詩」的宣言：

「由於現代生活引發新的物境與心境，使我們的經驗世界斷然有了新的變故，加上知識的爆發，使我們對外在世界的觀察與認知也有新的變故，這都在在推動詩人去表現一個異於往昔形態的創作世界，這並不含有背棄傳統，這只是必須向前創作新的傳統。」站在這個基點上，我們才可能更正確地看新詩開展的一些問題。」（見一九八七年《文訊雜誌》）

●名文學批評家孟樊在論文中說：

「……值得一提的前輩評論家倒有四位：洛夫、羅門、顏元叔和葉維廉，前二者可視為非學院派，後兩人則為學院派人士。洛夫以倡導超現實主義理論而獨步詩壇（但晚期的詩學觀有不同程度的修正與轉變）；羅門獨特的詩美學論點「第三自然觀」與「都市詩說」則嘗試建立一龐大且完整自足的詩學體系，亦令人側目……」（見一九九三年《當代臺灣文學評論大系》）

●詩人兼評論家林燿德在論文中對羅門的詩論看法：

羅門，做為一個具備現代思想與前衛創新傾向的重要詩人與詩論家，在五〇年代以降臺灣詩壇形成一家之言，他的發展軌跡隨著自己的思想與詩風、以及整個文化環境的變遷而顯現出來。在多次有關潮流、技巧以及詩人內在生命本質的論爭中，羅門始終能夠提出獨到的見解，包括了創作的形式、與古典詩的關係、各種主義流派的反思，他的洞見維護了詩的純粹性，並且以不輟的創作親自證明了詩人毫不屈撓於現實的意志。

做爲「現代思想」象徵的「羅門思想」，亦即其「第三自然螺旋型架構」是進化史觀的、追求「行進中的永恆」的形上學架構的，而且也自有一套體大思愼的創作生命哲學。

「羅門思想」中的「第三自然螺旋型架構」對於後現代的批判與修正仍然具備以下嚴肅的意義：

㈠羅門能夠一己營造的壯美思想體系面對時潮，提出具體的立場，這種胸襟和氣魄，在臺灣詩壇陷入沉寂、被小說界奪去解釋權的八、九〇年代，無疑是令人振奮的。

㈡羅門講究立場，雖然也有模型理論的自我制約，但比起後現代主義玩家的閃爍其詞、飄忽不定，他篤定而誠懇的態度值得肯定，重建眞理的企圖則令人敬佩。

㈢後現代主義者譏笑現代主義是「刺蝟」，眼睛只能看到一個方向，他們又自比爲「狐狸」，可以同時注意不同的方位。不過眼觀八方的狐狸常常因爲咬不著刺蝟而餓死，就算咬著了也往往痛斃當場。後起的浪潮不見得必然高過前驅的浪鋒；能夠堅持自我理念的詩人羅門是永不過時。（見〈羅門蓉子文學世界學術研討會論文集〉文史哲出版社一九九四年）

●大陸名學者文學批評家徐學教授評介羅門說：

讀羅門的詩論，我的腦海裡會時時浮現中國現代史上兩位學者的身影，兩位在美學見解上與羅門有近似之處的學者。

第一位是民國政府首任教育總長蔡元培，一九一七年，他任北大校長時，曾提出「以美育代宗教」的口號，並在《新青年》上發表了《以美育代宗教》一文，認爲唯有藝術教育能使國民超脫現象世界的利害關係和人我偏見，把人們從現象世界的必然引向主體世界之自由。

可慶幸的是，在羅門的詩論中，有這樣的句子：

「在一切都被人類懷疑與重新估價的現代世界中，我懷疑以一般人那近乎迷信的絕對信仰，能確實成爲上帝優秀的信徒；我深信只有進入詩人與藝術家所開發的「第三自然」，使一切存在與活動於完美的結構與形式中，方可能認明上帝（如果這個世界確有這樣一個具有完美實質的上帝）……我這樣說，很明顯的，是想重新確定詩人與藝術家在過去現在與未來永遠站立的位置及其工作的重心——一個詩人與藝術家，當他喚醒萬物與一切潛在中的美的形象與內容，他便是人類內在世界的另一個造物主了，像上帝造天國一樣，他造了另一個內心的天國——那無限容納『美』的『第三自然』。」⑪可以說，羅門這種論斷是呼應著世紀初孑民先生的設想並將之發揚光大了。

第二位是離我們更近的胡風先生，他曾從機械文藝論中掙脫出來，在全面考察五四以來新文學經驗的基礎上，提出了作爲他文藝思想核心的「主觀戰鬥精神」的理論命題，認爲作家的「人格力量」（包括「敏銳的感受力」與「深邃的思想力量」）是創作的源泉。他痛感中國傳統文化對個體生命慾望和主觀精神意志的節制，壓仰及摧殘，以作家精神主體的深厚與闊大爲其創作觀出發點的胡風，與羅門對粗糙寫實、徒然玩弄技巧及盲目求新諸創作傾向的針砭有異曲同工之處；胡風那「到處有生活」的名句與羅門「世界上存在的事物都可以是創作的題材」的論斷亦所見略同息息相通。

值得高興的是，詩人羅門並沒有遭到胡風那般非人的折磨和厄運，他能不斷地運用其「內視力」與「轉化力」寫出許多沖破現實兩個鐵籠的詩篇，並能長久地保有一種詩人不可缺少的純眞和童趣。今天我們有機會在這裡討論他，也不禁爲中國當代文學感到慶幸——就在當代中國的土地上，將生命哲學引入藝術創作，強調藝術創作中主體對現實環境的超越意識與內在自由意識的創作流脈畢竟也能綿延不絕，並結出了豐碩的果實。（見〈羅門蓉子文學世界學術研討會論文集〉「羅門詩論的主體性」文史哲出版社一九九四年）

●詩人兼詩評家杜十三在論文中論羅門：

羅門正式發表的第一首詩「加力布露斯」是認識女詩人蓉子的時候寫成的，才首度出擊，就被主編紀弦以特殊的紅字刊登於「現代詩」季刊封底，四年後，他出版了第一本詩集「曙光」，七年後出版了風格成熟的「第九日的底流」，隔年，寫成了奠定他在中國詩壇崇高地位的「麥堅利堡」，此後他更是創作不綴，至今陸續完成了「死亡之塔」、「隱形的椅子」、「整個世界停止呼吸在起跑線上」、「曠野」、「有一條永遠的道路」、「誰能買下這條天地線」、「羅門詩選」……等長詩、短詩與英譯本十數種，內容涵蓋了抒情、自然、都市、戰爭、死亡與時空等各種主題，此外更有論文集數部，視覺詩創作兩層「燈屋」……目前的他仍然以近七旬的「高齡」，生龍活虎的穿梭在臺灣文壇上，用心的過著他所謂的「每一秒鐘都是詩人」的日子，如此一位從小身智俱優，生命結構紮實豐富，充滿尼采所說「衝創意志」，每一時都是詩人的羅門，他在中國近代文壇上的出現，存在與努力，自應有其特殊與非凡的價值——這個價值是建立在羅門堅持做爲一個純粹的詩人所散發出來的毅力、悲憫、能量、智慧與創意，通過他的作品對世俗的社會、傳統的人世、弱者的妥協、愚者的執著……所進行的一次長達半個世紀的發現、顚覆、革命與重建——也就在這一連串爲了捍衛做爲一個人的價值的過程裡，羅門才成爲一個眞正的詩人。

從藝術的角度去發現羅門——身跨農業社會、工業社會與資訊社會的羅門，早在五〇年代末期的臺灣便已率先投入了「都市詩」創作，並以之充分的實踐其「三大自然」美學觀與「圓與塔互動」的生命觀，不僅對後代文壇樹立了鮮明的導範與影響，也對生活在「農村—都市」過渡期的讀者擴大了生命的視野，提高了心靈的向度，甚至於讓一些徬徨的靈魂得以在黑暗和失望中找到尋求更新生命質能的可能性。

「三大自然美學」意指藉由大自然、人造自然和內造自然交感互溶而擴張生命質能的創作觀，也是羅門宏觀的詩美學架構：「圓與塔互動」說則是體認了外在自然的圓融諧和和工業文明世界的衝突、壓抑之間的矛盾，以及如何經由「螺旋狀運動」尋找生命本體和價值的一種動態的體悟，這也是羅門掌握自己的行動和創作，甚至是掌握文字的一種美學上的策略。

其次，我們從羅門詩作的本身去發現羅門——綜觀羅門各種時期，各類題材的詩作之後，我們可以歸納出他作品的幾個特質，此即：悲憫的、現代的、口語的、深刻的、爆發的，以及生命的、宗教的、思想的、沉重的……。似乎除了睡眠以外，他時刻都不忘記運用自己的每一根神經去撞擊時間、空間和人間的每個座椅，企圖藉由不同的動作，諸如摩擦、切割、扭轉、重組、位移……讓他接觸到的每個面向都能產生巨大而尖銳，至少是與衆不同的回響，以便用來提醒、警告，或是安撫、暗示受困於文明絞鍊和死亡重壓的無助心靈。他似乎就像一個具有宗教狂熱的使徒，又像是不斷舉矛向人類困境風車挑戰的唐吉訶德，活著就是爲了創作，創作就是爲了想替週遭的同類傳達一些可以獲得救贖的感悟——美的感悟、時空的感悟、死亡的感悟……。羅門的詩就像一條條幽徑引導著你輕鬆步行，但在上坡和轉彎處總會讓你看到驚心動魄或是迤邐深遠的美景和遠景——換句話說，羅門的詩是動態的「言語」，而不是靜態的「語言」，是「發現」本身，而不是「被發現」的終點，讀他的「詩」，是眞正進入「語言」的「寺廟」中去感悟另一個更神秘，更恢宏的「第三自然」眞世界，而不會只是停留在「第一自然」和「第二自然」的有限表象中徘徊、頓足——總之，從羅門的詩作中，我們發現了「羅門的發現」、「羅門的看」、「羅門的語言」的價値，也發現了一種可以提供別人發現他自己、發現美、發現生命的眞價値——這乃是一條秘徑、一把鑰匙、一種「靈視」的價値。

最後，我們可以從羅門的「行動」去發現羅門——從四十九歲毅然辭去高薪民航職務專心創作，至今已近廿年卻無一日不在詩的崗位上思索、鑽研、工作，始終努力不懈的羅門，比起一些寫了幾年詩就停筆，成了名就停筆的詩人而言，確實有其値得敬佩與踵法之處……雖然在日常生活中，有人會以俗世的觀點批評羅門的頑固，冗煩與不通人情，但對於一個詩人和藝術家而言，就是這種能夠因爲理想與使命而不妥協的堅持，才造就了藝術和文學的永恆和對人類發揮救贖力量的價値。

毋庸諱言，擁有「中國都市詩之父」美譽的羅門，確是中國近代詩空中一顆閃亮而詭奇的星，他以獨創的姿態恆久發光，毫不倦怠，即使他終將殞落，後世的人亦能領受他無數光年以前便已傳出的能量，而不會忘記他所在的位置。最重要的是，我們將從這個位置繼續他的「發現」，努力的去發現更多，更美的「發現」。

羅門簡介・重要記事・著作

本名：韓仁存，一九二八年十一月廿日出生

籍貫：海南省文昌縣

學歷：空軍飛行官校肄業、美國民航中心畢業、考試院舉辦的民航高級技術員考試及格。

職業：曾任交通部民航局國際機場高級技術員、民航局民航業務發展研究員。

從事創作四十多年

▲曾爲國際詩人協會榮譽會員（一九六六年）。

▲曾任中國文協詩歌創作班主任（一九八七年）。

▲中國新詩學會常務監事（一九八二年—九八年）。

▲中國青年寫作協會値年常務監事（一九九一年—一九九六年）。

▲曾任世界華文詩人協會會長（一九八九年）。

▲藍星詩社社長（一九七六—一九八八年）。

▲同蓉子選派爲中國五人代表團出席五十多國家在菲馬尼拉召開的第一屆世界詩人大會，與蓉子獲大會「傑出文學伉儷」獎，頒發菲總統大授勳章。（一九六九年）。

▲應大會主席卜納德博士（Dr. PLATTHY）特函邀請與女詩人蓉子以貴賓身份出席在美召開的第三屆詩人大會，與蓉子獲特別獎，並接受大會加冕，以及美國之音記者之專訪。（一九七六年）。

▲同蓉子出席在韓國召開的第四屆世界詩人大會，並代表中國（一國一位代表）朗讀發表作品：「麥堅利堡」（一九七九年）。

▲曾應韓國作家筆會會長邀請赴韓訪問（一九七六年）。

▲曾任國家文藝獎評審委員及全國傑出詩人獎決審委員。

▲曾不少次擔任大專學生文藝營指導老師及全國性的巡迴講演。

▲應聘爲全國首屆戶外藝展顧問團副主席，並爲該展出寫宣言與主題詩（一九八四年）。

▲曾以〈花之手〉詩配合何恒雄雕塑家的雕塑，碑刻入臺北新生公園（一九八二年），以〈宇宙大門〉詩碑刻入臺北動物園（一九八八年），以〈智慧鳥〉詩碑刻彰化市區廣場（一九九二年），以〈天堂鳥〉詩碑刻在彰化市火車站廣場（一九九四年）。

▲應邀同名雕塑家楊英風、光電科學家胡錦標博士、榮森博士以及前文建會主委陳奇祿博士……等，擔任中國雷射協會籌備委員。並曾與蓉子參加第一屆國際雷射藝術景觀展，以詩、音樂與雷射多元媒體聯合演出（一九八一年）。

▲曾擔任私立國學院現代詩專題講座兩學期（一九八一—八二年）；東海大學文學院（與文建會）主辦文學研習會講座兩學期（一九八二年）。師大文學院文學研習班講座及指導一學期（一九八七年）。

▲曾應香港大學黃德偉教授邀請，赴香港大學做三場演講。並在中大文藝班與余光中教授、黃維樑教授主持現代詩座談。香港大學圖書館第一位設置「中國當代詩人羅門、蓉子著作資料專櫃」（一九八四年）。

▲爲唯一以現代畫進入故宮且享譽國內外的名畫家林壽宇畫展畫冊寫序（一九八四年二月）；爲不少國內著名的現代畫家寫畫評；爲國內最前衛的「異度空間」展（一九八四年八月）與「超度空間」展（一九八五年五月）寫展出畫冊序言。

▲應邀參加名雕塑家楊英風、何恒雄教授以及尖端科學家原子能委員會主委胡錦標博士、張榮森博士等所舉辦的國內首屆科藝展，並在市美館安排有一場演講，講題：「詩眼中的視覺世界」，以及爲展出寫「光」的主題詩與感言，發表於商工日報（一九八四年）。

▲應邀同女詩人蓉子赴菲中正學院與文藝界做三場現代詩的演講（一九八八年）。

▲曾應邀同林燿德在大陸廣州、上海、北京、廈門、海南島等地的著名大學，以及中國社會科學院、各大學中文系、中文研究所、臺灣文學研究所、中國文聯、中國作協、中國現代文學館、中國文論、詩刊編輯部等學術與文藝團體機構進行廿多場包

括演講與座談。北京大學的演講海報並寫「歡迎臺灣詩壇大師——羅門」（一九八八年）。

▲羅門著作《羅門詩選》與《整個世界停止呼吸在起跑線上》兩書曾於一九八八年與一九八九年兩度列入中國青年寫作協會策劃之第一屆與第二屆文學鑑賞研習營當做研習與討論課程。

▲一九八〇年八月間應邀陪同公共電視拍攝小組專程飛往菲律賓馬尼拉「麥堅利堡」現場，製作羅門「麥堅利堡」詩電視專輯；並現場朗誦該詩，於公共電視節目中播出。

▲擔任青協與中興大學舉辦的（文學與電影立體鑑賞營）八位主講人之一，並爲問卷中最受歡迎的講師。（一九九〇年三月）。

▲擔任由青協與中國時報文化出版公司主辦的「八十年代臺灣文學研討會」主持人（一九九〇年九月廿九日）。

▲擔任由青協與行政院陸委會協辦的「兩岸文化、文學研討營」主講人並發表論文（一九九一年六月八日）。

▲擔任青協與中國時報文化出版公司主辦的「臺灣通俗文學研討會」主持人（一九九一年十月廿七日）。

▲擔任由青協主辦「當代女性研討會」主持人（一九九二年十二月廿六日）。

▲盛況空前的國際藝術大師米羅作品大展，在臺灣舉行，應臺北市立美術館邀請以「詩眼看米羅」爲題，做一場專題演講（一九九一年十月十九日）。

▲擔任由中華民國美國研究學會舉辦的「中美文教法政關係研討會」中的「後現代文學研討會」引言人（一九九二年四月間）。

▲羅門應邀赴菲擔任在大雅台舉辦的文藝營講座（一九九二年）。

▲羅門蓉子應「泰華文藝作家協會」於正式獲得泰國政府批准成立的華人文藝團體成立大會之邀，專程飛往曼谷，在成立大會上分別做專題演講（一九九二年五月間）。

▲曾同蓉子參加愛荷華ＩＯＷＡ大學國際作家寫作計劃（ＩＷＰ），宣讀作品與發表論文，並應邀往水牛城紐約州立大學讀詩與談詩（一九九二年）。

▲一九九三年八月六日到十一日海南省海南大學舉辦「羅門蓉子文學世界」學術研討會，請有來自美國、臺灣、港澳、星馬與大陸各地等學者作家五十餘人；提出研究羅門蓉子創作世界論文近三十篇，是一次具規模與有成果的海外個別作家學術研討會。

▲應邀擔任臺北市美館舉辦的「後現代美學與生活」講演系列的主講人講題：「後現代風暴襲擊都市人」（一九九四年）。

▲同蓉子應邀往大陸西安西北大學演講（一九九四年七月）。

▲出席由四川省作協、四川大學中文系、四川文藝出版社、四川企業文化促進會……

等在成都市合辦的「羅門詩精選百首賞析」出書發表會，羅門蓉子並在會上與在四川大學中文系發表講演（一九九四年七月間）。

▲應邀擔任青協舉辦首屆「當代臺灣都市文學研討會」論文發表人，論文題目：「都市與都市詩」，又會中另有師範大學比較文學博士詩人林綠撰寫、評論羅門都市詩創作的論文。（一九九五年十二月間）。

▲應邀擔任文訊雜誌社主辦的「臺灣現代詩史研討會」論文發表會主持人（一九九五年五月間）。

▲應邀擔任青協主辦的「現代詩創作營」主講人（一九九五年二月間）。

▲一九九五年五月間文史哲出版社耗資百萬出版羅門蓉子文學創作系列書十二冊，紀念兩人結婚四十週年；同時並由青協舉辦（文建會、文復會贊助）兩人系列書出版發表會，有海內外知名學者與詩人近數十人與會。

▲一九九五年北京中國社會科學出版社首次破例出版羅門蓉子文學系列書八冊，並在十二月間由北京大學文學研究所、清華大學中文系、海南大學、中國藝術研究院文化研究所、中國社會科學出版社《詩探索》編輯部與海南日報等、共同協辦在北京大學首次召開的個別作家羅門蓉子系列書出版發表討論會，會後羅門與蓉子接著在該校公開演講與接受專訪。

▲應邀擔任青協主辦「一九九六當代臺灣情色文學研討會」論文發表講評人（一九九九

六年一月間）。

▲應邀擔任青協主辦「文學與漫畫交流研討會」論文發表主持人（一九九六年十一月間）。

▲應邀擔任「林燿德與新世代作家文學研討會」論文發表人（一九九七年一月間）。

▲詩人陳大爲研究羅門都市詩，由陳鵬翔教授指導，獲得東吳大學碩士學位（一九九七年）。

▲廈門大學研究生張艾弓，由俞兆平教授指導，寫研究羅門創作世界的「羅門論」，於一九九八年八月間，獲廈門大學碩士學位。

▲羅門與蓉子應邀赴馬來西亞做詩的專題演講（一九九七年八月間）。

▲羅門於一九九七年四月到十一月間應華盛頓時報基金會與國際文化基金會邀請出席在華盛頓ＤＣ召開的三次國際文學會議，全程接待，是一次最稱心、愉快有收穫的文學之旅。

第一次亞洲文學國際會議（一九九七年四月間）曾會晤一九九二年諾貝爾獎得主DEREK WALCOOT，並提交對大會的觀感文章。

第二次西方文學國際會議（一九九七年六月間）曾提交論文：「21世紀詩價值的重認」，以及會晤一九八七年普立茲詩獎得主RLAT DOVE，她是羅門在愛荷華大學作家工作室曾認識的詩人。

第三次世界和平文學會議（一九九七年十一月間）曾提交論文〈21世紀詩人面對的關鍵性問題〉與詩作〈麥堅利堡〉；會晤一九八六年諾貝爾獎獲主 WOLE SOYINKA。

▲羅門蓉子兩套文學創作系列書共二十冊，分別由臺灣文史哲出版社與中國社會科學出版社出版，並分別在臺灣與北京大學兩地舉行出書發表討論會，至於海內外著名學者作家評論家寫的數十篇論文，已由文史哲出版社於一九九七年出版兩本論文集，一本是「從詩中走過來」，一本是「從詩想走過來」，使出版論羅門蓉子創作的書目已有十五種。

▲海內外學者、教授、評論家等評介羅門的文章，超出一百萬字。

【註】羅門曾應邀往臺大、師大、政治大學、中央大學、中山大學、淡江大學、輔仁大學、文化大學、臺北醫學院、清華大學、東海大學、中興大學、臺中醫學院、成功大學、大同工學院、海洋學院、中正理工學院、高雄醫學院、高雄師範學院、國立藝專、世界新專、臺北師專、臺北女師、實踐家專、苗栗聯合工專、明志工專、民權商專、新竹師專、屏東師專、新埔工專、市政專校、彰化教育學院……等國立卅餘所大學院校做詩的專題演講。

羅門著作

◎詩集

1. 曙光（藍星詩社，一九五八年五月）
2. 第九日的底流（藍星詩社，一九六三年五月）
3. 死亡之塔（藍星詩社，一九六九年六月）
4. 日月集（英文版，與蓉子合著／美亞出版社，一九六九年六月）
5. 羅門自選集（黎明文化公司，一九七五年十二月）
6. 曠野（時報文化出版公司，一九八一年）
7. 羅門詩選（洪範書店，一九八四年）
8. 隱形的椅子（抽頁裝訂本，一九七六年）
9. 日月的行蹤（抽頁裝訂本，一九八四年）
10. 整個世界停止呼吸在起跑線上（光復書局，一九八八年四月）
11. 有一條永遠的路（尚書文化出版社，一九九〇年）
12. 「太陽與月亮」（大陸花城出版社，一九九二年）
13. 「羅門詩選」（大陸友誼出版社，一九九三年七月）
14. 「誰能買下這條天地線」（文史哲出版社，一九九三年十二月）

◎論文集

1. 現代人的悲劇精神與現代詩人（藍星詩社，一九六四年）

2.心靈訪問記（純文學出版社，一九六九年十一月）

3.長期受著審判的人（環宇出版社，一九七四年二月）

4.時空的回聲（德華出版社，一九八二年一月）

5.詩眼看世界（師大書苑出版社，一九八九年）

6.長期受著審判的人（增訂本，環宇出版社一九九九年再版）

◎散文

羅門散文精選（文史哲出版社，一九九三年十二月）

◎「羅門創作大系」十卷（文史哲出版社出版，一九九五年）

〈卷一〉戰爭詩

〈卷二〉都市詩

〈卷三〉自然詩

〈卷四〉自我．時空．死亡詩

〈卷五〉素描與抒情詩

〈卷六〉題外詩

〈卷七〉「麥堅利堡」詩特輯

〈卷八〉羅門論文集

〈卷九〉論視覺藝術

〈卷十〉燈屋・生活影像

◎「羅門・蓉子文學創作系列」八冊（中國社會科學出版社，一九九五年）

1.羅門短詩選
2.羅門長詩選
3.羅門論文集
4.羅門論
5.蓉子詩選
6.蓉子散文選
7.蓉子論
8.日月的雙軌—論羅門蓉子（周偉民・唐玲玲教授合著）

◎「羅門蓉子論」書目十五種

1.日月的雙軌—羅門蓉子合論（周偉民、唐玲玲教授合著，文史哲出版社出版，一九九一年）
2.羅門論（詩人評論家林燿德著，師大書苑出版，一九九一年）
3.門羅天下（蔡源煌、張漢良、鄭明娳教授等著，文史哲出版社出版，一九九一年）
4.羅門蓉子文學世界學術研討會論文集（文史哲出版社出版，一九九四年）
5.羅門詩一百首賞析（朱徽教授著，文史哲出版社出版，一九九四年）

6.羅門詩鑑賞（作家王彤主編，香港文化出版社出版，一九九五年）
7.永遠的青島—蓉子詩作評論集（評論家蕭蕭主編，文史哲出版社出版，一九九五年）
8.蓉子論（余光中、鍾玲、鄭明娳、張健、林綠等教授著，中國社會科學出版社出版，一九九五年）
9.羅門論（蔡源煌教授等編著，中國社會科學出版社出版，一九九五年）
10.（羅門都市詩研究）（陳大爲碩士論著，東吳大學印製，一九九七年）
11.從詩中走過來—論羅門．蓉子（謝冕教授等著，文史哲出版社出版，一九九七年）
12.從詩想走過來—論羅門．蓉子（張肇祺教授等著，文史哲出版社出版，一九九七年）
13.《蓉子詩賞析》（古遠清教授著，文史哲出版社，一九九八年）
14.《青鳥的蹤跡》——蓉子詩歌精選賞析（朱徽教授著，爾雅出版社，一九九八年）
15.羅門論（張艾弓碩士論文，文史哲出版社，一九九八年）

◎獲獎部份

1.一九五八年獲藍星詩獎與中國詩聯會詩獎
2.一九六六年「麥堅利堡」詩被UPLI國際詩人組織譽爲近代偉大之作，頒發菲總統金牌詩獎。
3.一九六九年在馬尼拉舉辦的第一屆世界詩人大會上，與蓉子獲大會「傑出文學伉儷」獎，頒發菲總統大綬勳章。

4.一九七〇年獲美國奧克拉荷馬州州長頒發榮譽公民狀
5.一九七二年獲巴西哲學院頒發榮譽學位。
6.一九七六年在美國舉辦的第三屆世界詩人大會上，與蓉子獲特別獎，並接受大會加冕，以及美國之音記者之專訪
7.一九七八年獲中華文化復興委員會「鼓吹中興」榮譽獎
8.一九八七年詩人節獲教育部頒發「詩教獎」
9.一九八八年「整個世界停止呼吸在起跑線上」，獲得中國時報文學獎（新詩推薦獎）
10.一九九一年獲中山文藝獎
11.一九九二年獲美國愛荷華大學IWP組織頒贈榮譽研究員證書

◎名列名人錄：

中文版名人錄

1.一九九一年名列「中華民國現代名人錄（中國名人傳記中心出版）」
2.一九九二年名列「大美百科全書（光復出版社出版）」
3.一九九三年名列「世界華人文化名人傳略（香港中華文化出版社）」

英文版名人錄

1.世界詩人辭典International Who's Who in Poetry（倫敦劍橋國際傳記中心選編，一九七〇年）

2.中國名人錄（英文版新聞局委託漢光出版社出版的一九八六、一九八七、一九八八年中華民國年鑑）

3.「亞洲名人錄」（Asia's Who's Who of Men & Women of Achievement 1989-90），印度傳記中心出版）

4.世界名人傳記（Biographical Historiette of Men & Women of Achievement & Distinction 1990），印度傳記中心出版

5.美國傳記學會（American Biographical Institute, Inc.）一九九五年出版的「20世紀五百位具有影響力的領導人The Twentieth century FIVE HUNDRED LEADERS OF INELUENCE」

◎作品選入中文選集

1.中國詩選（大業書店，一九五七年）

2.中國當代名作家選集（文光圖書公司，一九五九年）

3.十年詩選（明華書局，一九六〇年）

4.七十年代詩選（大業書店，一九六七年）

5.中國現代詩論選（大業書店，一九六九年）

6.中國新詩選（長歌出版社，一九七〇年）

7.中國現代文學大系（巨人出版社，一九七二年）

8.中國現代散文選集（文藝出版社，一九七三年）
9.八十年代詩選（濂美出版社，一九七六年）
10.廿世紀中國現代詩大展（大昇書庫，一九七六年）
11.中國現代文學年選（巨人出版社，一九七六年）
12.當代詩人情詩選（濂美出版社，一九七六年）
13.中國當代十大詩人選集（源成出版社，一九七六年）
14.文藝選粹（幼獅文化事業公司，一九七七年）
15.中國現代文學的回顧（龍田出版社，一九七八年）
16.當代情詩選（濂美出版社，一九七九年）
17.現代名詩品賞集（聯亞出版社，一九七九年）
18.小詩三百首（爾雅出版社，一九七九年）
19.當代中國文學大系（天視出版公司，一九八〇年）
20.中國當代新詩大展（德華出版社，一九八一年）
21.情詩一百首選集（爾雅出版社，一九八二年）
22.現代詩入門選集（爾雅出版社，一九八二年）
23.中國新詩選（長安出版社，一九八二年）
24.中國當代散文大展（德華出版社，一九八二年）

25.中國現代文學選集（爾雅出版社，一九八二年）
26.七十一年詩選（爾雅出版社，一九八三年）
27.七十二年詩選（爾雅出版社，一九八四年）
28.一九八三臺灣詩選（前衛出版社，一九八四年）
29.七十三年詩選（爾雅出版社，一九八五年）
30.七十四年詩選（爾雅出版社，一九八六年）
31.一九八五年臺灣詩選（前衛出版社，一九八六年）
32.七十五年詩選（爾雅出版社，一九八七年）
33.中國現代海洋詩選（號角出版社，一九八七年）
34.七十六年詩選（爾雅出版社，一九八八年）
35.七十七年詩選（爾雅出版社，一九八九年）
36.七十八年詩選（爾雅出版社，一九九〇年）
37.臺灣詩人十二家（重慶出版社，一九八三年）
38.臺灣朦朧詩賞析（花城出版社，一九八九年）
39.臺灣詩選（人民文學出版社，一九八二年）
40.臺灣創世紀詩萃（浙江文藝出版社，一九八八年）
41.臺灣現代詩四十家（人民文學出版社，一九八九年）

42.當代臺灣詩萃（湖南文學出版社，一九八九年）
43.臺灣新詩發展史（人民文學出版社，一九八九年）
44.臺灣現代詩選（瀋陽春風出版社，一九八七年）
45.中國新詩鑒賞大辭典（江蘇文藝出版社，一九八八年）
46.臺灣百家詩選（江蘇文藝出版社，一九九〇年）
47.臺灣現代詩賞析（河南人民出版社，一九九一年）
48.七十九年詩選（爾雅出版社，一九九一年）
49.淘金者的河流（百家出版社，一九八九年大陸）
50.臺灣朦朧詩賞析（花城出版社，一九八九年）
51.海南瓊人詩選（大陸三環出版社）
52.太陽月亮，羅門蓉子詩精選（花城出版社，一九九二年大陸）
53.八〇年詩選（爾雅出版社，一九九二年）
54.八一年詩選（爾雅出版社，一九九三年）
55.八三年詩選（爾雅出版社，一九九五年）
56.八四年詩選（爾雅出版社，一九九六年）
57.三年詩選（人民文學出版社，一九九四年）
58.新詩三百首（九歌出版社，一九九五年）

59. 盈盈秋水（新華書店，北京發行，一九九三年八月）
60. 中國當代文學作品精選（北京大學出版社，一九九五年七月）
61. 一百個怪月亮（陝西人民出版社，一九八九年八月）
62. 星空無限藍（九歌出版社，一九八六年八月）
63. 中外現代抒情名詩鑒賞辭典（北京學苑出版社，一九八九年）
64. 古今中外朦朧詩鑒賞辭典（大陸中州古籍出版社，一九九〇年）
65. 中國新詩名篇鑒賞辭典（四川辭書出版社，一九九〇年）
66. 臺灣現代詩鑒賞辭典（山西北岳出版社，一九九一年）
67. 鄉愁詩選（河北人民出版社，一九九〇年）
68. 海峽兩岸朦朧詩品賞（武漢長江文藝出版社，一九九一年）
69. 海峽兩岸詩論新潮（廣州花城出版社，一九九二年）
70. 臺灣文學家辭典（廣西教育出版社，一九九一年）
71. 臺灣新文學理論批評史（瀋陽春風文藝社，一九九三年）
72. 中國當代新詩史（北京人民出版社，一九九三年）
73. 臺灣現代文學史（廣西人民出版社，一九九四年）
74. 臺港澳暨海外華文新詩大辭典（瀋陽出版社，一九九四年）
75. 臺灣詩歌藝術（大陸漓江出版社，一九九七年）

76.臺灣詩人散論（爾雅出版社，一九九六年）
77.臺灣詩論精華（陝西人民教育出版社，一九九五年）
78.彼岸的繆斯（百花洲文藝出版社，一九九一年）
79.臺灣現代詩選（香港文藝風出版社，一九九一年）
80.百年中國經典文學（北京大學文學出版社，一九九七年）
81.當代愛情詩友情詩三〇〇首（湖南文藝社，一九九七年）
82.中國當代名詩一〇〇首（湖北教育出版社，一九九六年）
83.小詩瑰寶（絲路出版社，一九九六年大陸）
84.國際華人詩人精品集（廣東旅遊出版社，一九九六年）
85.天下詩選（天下遠見出版社，一九九九年）
86.現代詩手冊（翰林出版社，一九九九年）
87.九十年代詩選（大陸春風文藝出版社，一九九八年）
88.二十世紀中國文學精品（大陸學林出版社，一九九九年）

◎作品選入外文選集

英文版

1.中國新詩選集New chinese Poetry（余光中教授編譯，一九六〇年）
2.中國現代詩選集Modern Chinese Poetry（葉維廉博士編譯，一九七〇年）

3. 臺灣現代詩選集Modern Verse from Taiwan（榮之穎編譯，一九七一年）

4. 當代中國文學選集An Anthology of Contemporary Chinese Poetry（國立編譯館編譯，一九七五年）

5. 亞洲新聲Voices of Modern Asia（美國圖書公司出版，一九七一年）

6. 世界詩選World anthology（美國Delora Memorial Fund基金會出版，一九八〇年）

7. 當代中國詩人評論集Essays on Comtemporary Chinese Poetry（林明暉博士Dr. Julia C. Lin著，一九八五年）

8. 臺灣現代詩選Modern Chinese Poetry from Taiwan（張錯博士編譯，一九八七年）

9. 一九九〇世界詩選（World Poetry 1990）Editor: Dr.Krishna Srinivas India.

10. 中國現代詩選（Anthology of Modern Chinese Poetry.，奚密博士編譯，一九九二年）

法文版

1. 中國當代新詩選集La Ktesie Chinoise（胡品清教授編譯，一九六三年）

瑞典文詩選

1. 臺灣九位詩人詩選集（NIO ROSTER FRAN TAIWAN馬悅然教授編著，一九九九年）

南斯拉夫版

1. 南斯拉夫詩選（Anotologija Savemene Kineske）Filip Visnjic Beograd（1994年）

羅馬尼亞版

1. Antol Gie De Poezie Chineza Contemporana（1996年）

日文版

1. 華麗島詩選集（日本若樹書房編選，一九七一年）
2. 臺灣詩選（世界現代詩文庫土曜美術社出版，一九八六年）

韓文版

1. 廿世紀世界詩選（韓籍李昌培博士編譯，一九七二年）
2. 世界文學選集—中國詩部分（韓籍許世旭博士等編譯，一九七二年）
3. 中國現代文學史（韓籍尹永春博士編譯，一九七四年）
4. 中國現代代表詩人五人選（湖西文學特輯，韓國湖西文會編選，一九八七年）

藝文生活影像

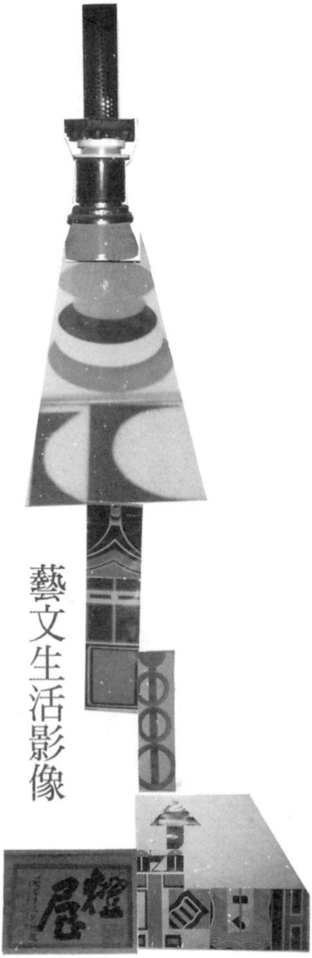

作者同蓉子在詩中、在以拼湊藝術（COLLAGE ART）製作的生活造型空間—「燈屋」，渡過近半世紀

羅門攝於民國43年

羅門攝於民國42年

羅門攝於民國41年

羅門攝於民國65年

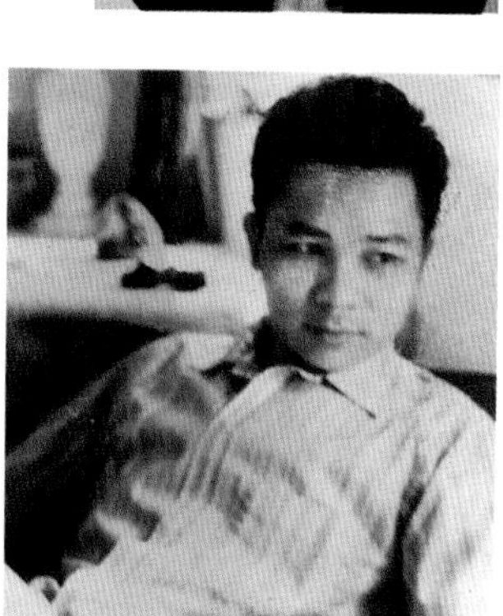

羅門攝於民國54年

民國38年隨空軍來臺降落岡山時留影，
繼續在岡山空軍飛行官校29期學習飛行

民國56年在美國奧克立荷馬（OKLAHOMA）FAA
民航中心航空失事調查學校受訓

56年擔任CAT B727
型機在林口重大失
事的調查工作

羅門著作
包括詩集
論文集
創作大系
藝術評論
中外文詩選
（論羅門專書）

1991 年獲中山文藝獎。

1976 年同蓉子應邀以貴賓參加美第三屆世界詩人大會，同獲大會特別獎與接受加冕

「麥堅利堡」詩，被國際桂冠詩人協會譽為近代的偉大之作，56年獲得該會榮譽獎及菲國總統金牌獎

七十七年「整個世界停止呼吸在起跑線上」獲得時報文學獎新詩推薦獎

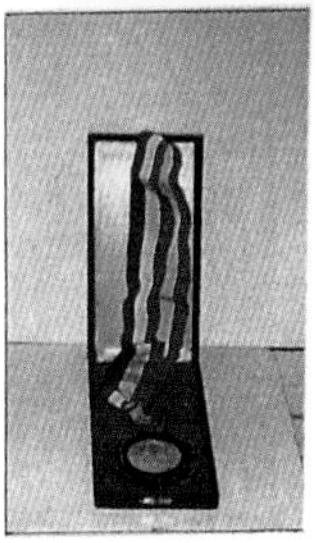

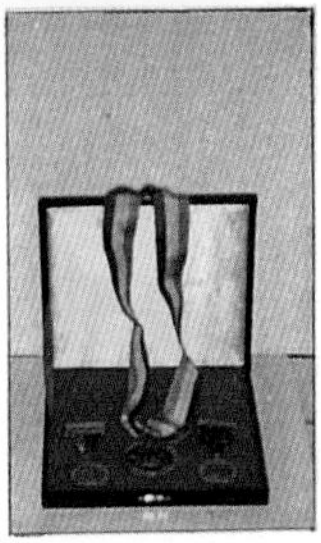

1969 年同蓉子獲菲舉行第一屆世界詩人大會「傑出文學伉儷獎」，頒發菲總統大授勳章

47年獲藍星詩獎

羅門蓉子 12本系列書出版發表會，由詩人余光中教授主持（右起第三位）、香港大學黃德偉教授（右起第二位）與詩人向明（右起第一位）擔任引言人。

羅門蓉子文學創作座談會，在北京大學舉行，由北大文學研究所所長謝冕主持開幕禮（左起：北大中文系主任費振剛教授、海南大學前文學院院長周偉民教授、謝冕教授、名詩人鄭敏教授、蓉子、羅門。社會科學出版社社長王俊義教授。）

會場開會情形（對面拍攝）

與會者：左起海南大學文學院院長閻廣林、評論家古繼堂先生、暨南大學潘亞墩教授、南開大學崔寶衡教授、日籍北大高級訪問學者藤井省三教授、清華大學王中忱教授、詩人任洪淵教授。

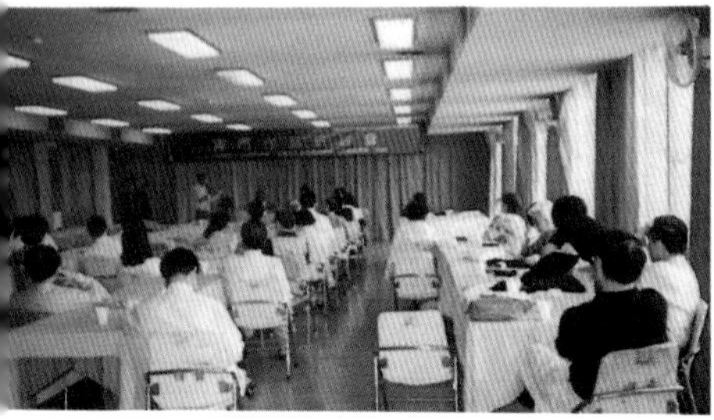

會場開會情形（背面拍攝）

羅門蓉子會後在北京大學演講

1995 年出版羅門・蓉子創作系列書十二種及羅門・蓉子系列書 8 種。在臺灣與大陸北京大學分別舉辦研討會。

参加"罗门、蓉子的文学世界"学术研讨会学者专家留影

一九九三年八月六日于海南大学

會場開會情形

民國八十三年七月六日在成都同步出版「羅門100 首詩賞析」（朱徽教授著）的首發式，羅門蓉子應邀參加，由四川作家協會、四川文藝出版社、四川聯大中文系、四川企業文化促進會合辦，四川作協副主席孫靜軒主持，到老、中、青著名詩人以及學者教授等數十人，羅門蓉子並做專題講演。

民國五十五年（1966）年——同蓉子被UPLI譽為「中國傑出的文學伉儷」，由菲駐華大使劉德樂在大使館舉行頒發菲總統馬可仕金牌獎

民國六十五（一九七六年）六月間同蓉子出席在美召開的第三屆世界詩人大會，獲大會特別獎與接受大會加冕（接受美國之音記者專訪）

民國58年羅門，蓉子參加在菲召開的第一屆世界詩人大會，會晤菲前總統賈西亞

民國五十八年（1969）同蓉子被選派為中國五人代表團，出席在馬尼拉召開的第一屆詩人大會，並被大會譽為「世界詩人大會傑出文學伉儷」，獲菲總統大綬勳章

民國六十五年參加由美國舉辦的世界詩人大會，與大會榮譽主席美國著名詩人艾伯哈特（RIEHART EBER-HART）在會場合影，由左至右為蓉子、艾伯哈特、柯肯教授及羅門。

蓉子於民國七十七年四月十四日星期四下午四時（就33年前結婚的時刻）接受國家文藝獎——由前副總統謝東閔特頒

羅門民國八十年十一月十一日接受中山文藝獎由前副總統 謝東閔特頒

「21 世紀亞洲國際文學會議」大會
主講人一九九二年諾貝爾獎得主
DEREK WALCOOT（1997 年 4 月）

「21 世紀世界和平文學會議」
大會主講人 1986 年諾貝爾獎獲主
WOLE SOYINKA（1997 年 11 月）

「21 世紀西方國際文學會議」大會
主講人一九八七年美國普立茲獎得
主 RITA DOVE（1997 年 6 月）

「21 世紀世界和平文學會議」大會
主講人（1997 年 11 月）美國桂冠
獎詩人 ROBERT HASS（右第三人）

1997 年曾先後參加華盛頓時報基金會與國際文化基金會在華盛頓舉行的「21 世紀亞洲國際文學會議」、「21 世紀西方國際文學會議」、「21 世紀世界和平文學會議」等三個國際文學會議（1997 年 4 月、6 月、11 月）

IOWA大學召開世界作家交流會，羅門、蓉子在IWP 25週年紀念宴會上同主任克拉克布雷斯（右二）與日本名小說家SOH AONO（右一）合影（八十一年十月十四日）

在IOWA世界作家交流會，羅門蓉子合送著作 27 種給愛荷華大學圖書館，由該館正副館長DR. SHELLA CRETH, DR. ED SHREEVES（右2、1）及該館中文部主任周欣平博士接受贈書（八十一年十一月三十日）

羅門蓉子應水牛城州立紐約大學邀請由IOWA飛往該大學講詩與朗誦作品（八十一年十一月廿日）

民國八十年十月間，配合國際大師米羅作品在臺北市立美術館展出，羅門特邀在該館做專題演講

羅門 林燿德民國七十八年十月應邀赴大陸海南廣州、上海、北京、厦門等地的著名大學、文聯、作協、社會科學院等舉行近三十場包括演講與座談會（在北京大學演講）

民國七十八年六月蓉子擔任亞洲華文女作家文藝交流會暨婦女寫作協會會員大會主席

民國七十八年四月十五日蓉子應邀參加光復書局與耕莘青年寫作會合辦的「文藝季系列講座」邁向二十一世紀的靈動，第一場演講

羅門蓉子應邀在西安西北大學講演（八十三年七月一日）

寶象文化公司製作公共電視「詩人專輯」，羅門陪同該機構TV拍攝小組於民國79年八月間專程飛往馬尼拉拍攝「麥堅利堡」詩創作的背景畫面，並在場朗誦該詩

鄭愁予、夏菁、羅家倫、鍾鼎文、覃子豪、美駐萊德大使、胡適、紀弦、大使夫人、羅門、余光中夫婦、葉珊（楊牧）蓉子、周夢蝶、洛夫（攝於美大使招待酒會）

羅門、蓉子、冰心前輩作家、名散文家陳祖芬

羅門民國七十七年十月應邀往巡迴大陸演講與座談，曾在上海看到施蟄存教授。

前排：蓉子、淡瑩
梁實秋　夐虹、後
排：王潤華、羅門

羅門民國七十八年十月應邀赴大陸海南廣州、上海、北京、厦門等地的著名大學、文聯、作協、社會科學院等舉行近三十場包括演講與座談會。於十一月下午七時在北京東方大飯店舉行盛大宴會，席中到有大陸著名作家艾青、卞之琳、謝冕、袁可嘉、高瑛、古繼堂、晏明、劉湛秋、雷霆等（這次大陸文學之旅，同去的有傑出詩人林燿德）

右起前排蓉子、羅門、姚宜瑛
後排作家趙毅恒、詩人北島

羅門與林燿德民國七十七年十月往大陸演講與座談，在北京十一月七日晚曾到府上看到詩人馮至教授

在北京市美館陳正雄畫展開幕禮上講話，與會貴賓有王蒙與現副文化部長劉德有及美術界知名人士（八十三年六月廿四日）

民國七十三年應港大黃德偉博士邀請赴港大進行三場現代詩演講：余光中夫婦與黃博士在香港啓德機場送行

右起謝冕教授、李澤厚教授、羅門

陶瓷家馬浩、畫家莊喆、羅門、畫家林壽宇、陳正雄、藝評家劉文譚　雕塑家何恆雄

左起名散文家陳祖芬、劉夢溪、羅門

羅青、羅馬、張默、洛夫、林明德教授、王潤華、詩人管管、淡瑩、羅門、蓉子、沈慊教授、陳教授、詩人瘂弦、林豐楙教授、張漢良教授、詩華

座詩人林綠、淡瑩、張錯、蓉子、黃德偉、羅門、授、〇、王潤華、葉曼沙、李狀源、〇、〇

右起詩人杜十三、作家高行健、羅門、陳思和教授、女作家口、作家趙毅恒、女作家口、作家虹影、法國翻譯家口、詩人張國治

顏元叔、楊牧教授、羅門

羅門、王文興教授

蓉子、羅門、海南大學
唐玲玲教授

○、羅門、蔡源煌教授

余光中教授、羅門、導演
胡金銓、楊牧、洪麗芬

出版家彭正雄、羅門、
龔鵬程教授

羅門、葉維廉、黃德偉教授

施友忠教授、陳慧樺教授
楊牧教授、羅門

楊萬運教授、戴維揚
教授、羅門

張錯教授、小說家司馬中原、
鄭明娳教授、羅門、張錯夫人

羅門、詩評家林亨泰

蓉子、羅門、鄭樹森教授

王潤華教授、詩人淡
瑩、蓉子、羅門

詩人簡政珍教授、羅門、
林燿德

羅門、詩人評論家蕭蕭

羅門、蓉子、黃德偉、白萩

羅門、李瑞騰教授

詩人向陽夫婦、羅門、蓉子

羅門、評論家王秀雄、畫家
陳正雄、評論家王哲雄

畫家陳正雄、羅門、畫家
賴純純、林壽宇、張永村

羅門、畫家莊普、陳延
平、胡坤榮、莊喆

左第二人羅青教授、羅門

羅門、蓉子、陳正雄、
雕塑家胡宏術教授

羅門、畫家丁雄權

雕塑家朱銘、羅門

名導演胡金銓、音樂家
李泰祥、羅門

羅門、畫家蕭勤

張漢良教授
羅門

胡茵夢、畫家張杰、
羅門

音樂家李泰祥、散文家張曉風

韓國現代詩會長、筆會副
會長文德守、韓著名女詩
人申東春、蓉子、羅門

羅門、COBRA眼鏡蛇畫派法國著名理論家兼詩人隆貝特（LAMBERT）
夫婦、蓉子　●　新聞局法籍翻譯家FORT HICK